子どもとことわざは真実を語る

ことわざの叡智を小学4年生に教える

著者
ヴォルフガング・ミーダー
デボラ・ホルムズ

訳者
山口　政信
湯浅有紀子

創英社／三省堂書店

日本の皆様へ

　1996年10月24日－25日に開催された〈国際ことわざフォーラム〉(International Proverb Forum) のゲストとして、米国から遠く離れた日本に出向くという素晴らしい機会を得たのは、ちょうど20年前のことでした。極東までの長い道のりでしたが、招待してくださった関係者、日本国内外から参加したことわざ研究者の皆様から、温かい歓待を受けたことが思い出されます。

　そのとき私は、「現代ことわざ学の回顧と展望」"Modern Paremiology in Retrospect and Prospect" と題した基調講演のなかで、ことわざ研究の功績と将来に向けた研究の必要性に加え、教育におけることわざの重要性についてこう述べました。

　　ことわざは、家庭における子育て、学校での言語・宗教教育、一般的な体験教育のなかで、数限りない叡智を伝えるツールとして使われてきました。ことわざには、その言語を話すあらゆる人に共通する知識が含まれています。人を知り、その人によって構成されている社会に関する知恵や知識を伝えるのに、ことわざは実に見事な役割を果たしてきました。
　　この意味において、とりわけ学校においては、ことわざは教育の一翼を担う教材として普遍の価値があり、欠かすことのできない大切な位置を占めています。

　未来を担う子どもたちに、ことわざの叡智を伝えていくことが大切であるという見解に、聴講者からは賛同の意が数多く寄せられたことを、今でも鮮明に思い出します。しかし、その2年後に、ジョンテンプルトン財団がことわざ学習と教育の方略に関する企画提案書を募集するとは、知る由もありませんでした。

このことについて妻と話し合ったところ、実績のある小学校教諭のデボラ・ホルムズ先生とチームを組み、9歳から10歳の子どもたちへのことわざ教育の実践研究をしてみたらどうか、との助言がありました。その後の展開は本書にある通りです。

　経験の豊かなホルムズ先生と、ことわざの研究・教育を専門とする私は、ぴったりのコンビでした。3週間に1度、バーリントンのヴァーモント大学から、20マイル離れたミルトン小学校へ車で向かう時間は、これまでの教員生活のなかで最も楽しい思い出の一つになっています。

　それではこれから、1年間続いたこの思い出深い授業内容に、少し触れてみましょう。まず、日常的に使われている英語のことわざを150選び、各教科の中核として活用できるように授業計画を立てました。ことわざを通常授業の教材としても運用するためです。そして、楽しく学べるようにマルチメディアを活用しながら、教科を横断した対話方式の授業を展開しました。

　子どもたちはこの多彩な授業をたいへん気に入ってくれました。実際、ことわざを使って子ども同士で話し合い、家族にも披露するほどに熱中していました。クラスの皆がことわざを学び、活用できることに喜びを感じていたのだと思います。

　こうした事実は、この年齢の子どもたちはことわざの比喩を理解し、会話や作文のなかで使えるようになる、ということを意味しています。このときの教え子で、後に大学に進学して私の授業を履修した数名が、「ミルトン小学校でことわざクラスを経験できてよかった」と、話してくれたことがあります。彼らの父母も、「子どもにとって、これまでで最も意義深い一生ものの授業だったはずです」と、異口同音に語ってくれたほどです。

　もちろん、ことわざは高等教育においても輝きを見せます。自分で言うのも恐縮ですが、大学で教えている〈ことわざの性質と政治〉と

いう講義は、人を深く学ぶことができる、という視点からも人気があります。

　言うまでもなく、ことわざは外国語教育においても重要な役割を担っています。ことわざを学ぶことで、異文化におけるものの見方や考え方などを理解できるからです。

　したがって、私たちが作り上げたことわざ教授法は、英語以外の言語や文化をもつ人々にも適用することができると思います。経験を積んだ教師ならば、私たちの授業をモデルとし、それぞれのクラスに合った、新しいプランを構築できるでしょう。

　私たちの授業モデルは、米国では大きな反響を呼びました。たくさんの手紙や問い合わせが舞い込み、ラジオのインタビューを受けたりもしました。

　お蔭で本書は多くの家庭、図書館、そして教師の手に届きましたが、遠い日本にいる誰かがこの本に興味をもってくれるとは、夢にも思いませんでした。

　本書を手に取っておられる日本の皆様に、そして翻訳という難しい仕事を申し出てくださった山口政信教授と湯浅有紀子氏には、心から感謝申し上げます。

　思い出深い日本で翻訳本が出版されることは光栄なことであり、お二人がこの本に捧げてくださった時間と努力に対する感謝の気持ちは、これからも忘れることはないでしょう。

　私たちがことわざを教えることを通じて、また子どもたちがことわざを学ぶことで得た実りある喜びを、１人でも多くの皆様に味わっていただけることを切に願っています。

2016年春
ヴォルフガング・ミーダー

はじめに

　『子どもとことわざは真実を語る―ことわざの叡智を小学4年生に教える―』を1冊の本としてまとめることができ、たいへんうれしく思っています。

　ことわざは、私たちが生きていくうえで参考となる、伝統的な言葉として理解されてきました。このようなことわざの叡智を、9歳から10歳の子どもたちに教えることはできるのでしょうか。また、どのように教えればよいのでしょうか。

　本書は、米国バーモント州の小学校教師のデボラ・ホルムズと、バーモント大学のドイツ語・民俗学教授のヴォルフガング・ミーダーが、小学4年生とともに歩んだ1年間にわたることわざ教育の記録です。

　これまでの教育においても、生活に即した知識を身に付けることや、批判的・分析的能力を育てることに重点が置かれてきました。私たちはこれらを考慮したうえで、ことわざの叡智を教えることを通じて、前向きで創造的な人格を育んでいこうと考え、この活動を始めました。

　新年度、ホルムズ先生が担任する4年生のクラスでは、「基本ことわざ」の半数となる「日常においてよく使われる150のことわざ」が掲載された、手作りのノートを開くことから始まりました。

　生徒は毎朝、授業の初めに好きなことわざを一つ選びます。そして、学んだことを自分なりの文章に綴り、さらにことわざの意味をイラストに描くことを日課としました。

　活動を始めてみると、生徒たちは夢中になって取り組み始めました。授業が進むにつれて学ぶ意欲が高まり、ゆっくりではあっても的確な使い方をマスターしていきました。子どもたちにとって、ことわざは単なる単語のつながりではなく、人間の行動に関する知恵が詰まった、大切なメッセージになったようです。

はじめに

　1年の間に150ものことわざを学んだ結果、ことわざのメッセージは、子どもたちにしっかり伝わったと感じています。

　ことわざ学習も終わりを迎えた頃、ある生徒が「ことわざは、毎日起こるいろんなことを解決するときに役立つ知恵だね！」と話してくれました。このとき、小学4年生という学年は、ことわざに表現されている生活のルールを学ぶのにふさわしい学齢である、ということを確信しました。

　ただ、ことわざの表現的特徴については、あまり詳しくは話しませんでした。それにもかかわらず、たくさんのことわざを学んだ子どもたちは、それらを日常生活のなかで用い、行動に活かせるようになったのです。このことは、小学4年生の子どもたちには、すでに抽象的・比喩的なことわざを学ぶ力が備っているということを証明する、何よりの証拠だと思います。

　なお、このプロジェクトを進めるにあたり、保護者のスザンヌ・アフィナティ、シンディ・リトル、アン・ノエルの皆様からは、子どもたちの学習経験を充実させるために、多大なサポートを得ました。助手のシャーリー・アベアさんもまた、授業の期間中にたゆまぬ支援をしてくれました。併せて感謝の意を申し述べたいと思います。

　そして、学習指導のやり甲斐とともに、ことわざの叡智が価値あるものであることを実感させてくれたのは、まぎれもなく20人の生徒たちでした。ですから、彼らに捧げるこの本のタイトルは、あるときふと思い出したことわざ、「子どもと愚か者は真実を語る」（Children and Fools Speak the Truth.）をもじってつけることにしました。

　本書を著すことにより、子どもたちがもっとも気に入っている「黄金律」のことわざ、「己が欲するところを人に施せ＝己の欲せざる所は人に施す勿れ（論語）」（Do unto others as you would have them do unto you.）をいつも心の片隅に置き、責任感のある立派な大人に成長してくれることを願う気持ちに代えたいと思います。

凡　例

(1) 原文には異表現（例：big fish と great fish、little fish と small fish、don't look と never look、one picture と a picture）などが見られるが、そのまま記載した。
(2) 直訳には、ことわざらしい表記を用いた。
(3) 直訳に続く「＝」の後には、その句に最もふさわしいと思われる日本で汎用されていることわざを記した。
(4) 理解しにくい文言や比喩などを含むことわざには、訳注もしくは脚注を付した。

目　次

日本の皆様へ ……………………………………………………… iii
はじめに …………………………………………………………… vi

第1章　小学4年生のことわざプロジェクト
1　プロジェクトの目的 …………………………………………… 2
2　プロジェクトの概要 …………………………………………… 3
3　先行研究の盲点と私たちのプロジェクト …………………… 5
4　プロジェクトで重視したこと ………………………………… 7
5　ことわざとテーマに橋を架ける ……………………………… 10
6　授業で用いることわざを選ぶ ………………………………… 14
7　ことわざを作品づくりに活かす ……………………………… 15

第2章　秋学期
1　ホルムズ先生の教育理念 ……………………………………… 18
2　出前授業の初日に話したこと ………………………………… 20
3　「ことわざノート」を作る …………………………………… 22
4　マスメディアを活用したことわざ理解 ……………………… 23
5　ことわざをイラストで表現する ……………………………… 25
6　ことわざを用いて物語を書く ………………………………… 46
7　ことわざ人形劇の台本を書く ………………………………… 46
8　ことわざポスターを作る ……………………………………… 55
9　ことわざを用いてクリスマスカードを作る ………………… 59
10　秋学期を終えるにあたって …………………………………… 60

第3章　春学期
1　文学作品でことわざを学ぶ …………………………………… 62

2　外国語を通してことわざを学ぶ ………………………… 63
　　3　道徳をことわざで学ぶ …………………………………… 64
　　4　国連をことわざで学ぶ …………………………………… 66
　　5　理科・算数をことわざで学ぶ …………………………… 68
　　6　ことわざクッションのプレゼント ……………………… 70

第4章　ことわざの知識に関するテスト
　　1　1回目のテスト …………………………………………… 78
　　2　2回目のテスト …………………………………………… 81
　　3　両テストの比較 …………………………………………… 82

第5章　1年間のことわざ学習を終えて
　　1　学習活動の評価 …………………………………………… 94
　　2　子どもたちへのアンケート ～回答とコメント～ …… 97
　　3　子どもたちへの感謝の手紙 ……………………………… 122
　　4　保護者から届いた手紙 …………………………………… 127

第6章　ことわざとは何か
　　1　ことわざの起源 …………………………………………… 132
　　2　聖書のなかのことわざ …………………………………… 133
　　3　伝播することわざ ………………………………………… 133
　　4　変容することわざ ………………………………………… 134
　　5　ことわざを定義する ……………………………………… 135
　　6　ことわざの特徴 …………………………………………… 144

第7章　マスメディアに見ることわざ
　　1　バーリントン・セービング銀行の広告 ………………… 162
　　2　「芝生はいつも青い」を用いた記事 …………………… 163

3	パーカー万年筆の広告	164
4	トヨタ自動車の広告	165
5	マクドナルドの広告	166
6	フォルクスワーゲンの広告	167
7	アップルコンピュータに関する記事	168
8	イラスト	169
9	イラスト	170
10	漫画	171
11	漫画	172
12	スヌーピーの漫画	173
13	漫画	174
14	漫画	174
15	漫画	175
16	漫画	176
17	漫画	177
18	イラスト	178
19	イラスト	178

第8章 現代ことわざ研究の再考

1	ことわざ研究研修会でのスピーチ	180
2	ことわざ収集（Paremiography）とことわざ学（Paremiology）	180
3	ことわざ研究の年鑑『プロバビウム』（Proverbium）	181
4	20世紀の名著	182
5	ことわざの定義：再考	184
6	フレイジオロジー（Phraseology）	185
7	ことわざの曖昧性	186

8	対立することわざ	187
9	文脈や背景を踏まえたことわざ研究	188
10	ことわざを用いた心理テスト	188
11	ことわざのネガティブな側面	189
12	社会・歴史学から見たことわざ	190
13	ことわざの発生様態	191
14	宗教に由来することわざ	192
15	学習教材としてのことわざ	193
16	民俗学から見たことわざ	193
17	文学のなかのことわざ	194
18	ことわざの図像解釈	195
19	ことわざ学のこれから	196
20	代表的なことわざの文献	198

第9章　使用頻度の高い英米ことわざ150

A	B	C	D	E	208
F	G	H	I	―	215
K	L	M	N	O	220
P	―	R	S	T	222
U	V	W	―	―	228

あとがき ……………………………………………… 231

Children and Proverbs
Speak the Truth

第**1**章

小学4年生のことわざプロジェクト

1　プロジェクトの目的

　私たちの斬新なことわざ教育には、二つの大きな方針があります。

⑴　1年間にわたり、小学4年生の通常科目に組み込んだり追加して実施した、ことわざ教育の内容を公表すること。
⑵　公表の内容は、他の教師が授業にことわざを採り入れる際の参考となるように配慮すること。

　教育学の分野には、子どもたちはことわざの学習を通じて、社会で通用する健全な人格を形成することができるのであろうか、という問いが長い間ありました。そして、これまでに報告された古い事例の多くが、小学4年生にはことわざの学習能力は十分に培われていない、というものでした。しかも、効果的な教授法が創案されず、ことわざの学習法やそらんじて活用することを目指した授業モデルの研究も不足したままである、という現実がありました。
　そこで私たちは、ことわざの教育が子どもの役に立つか否か、またその理由、そしてどのように行なえばよりよい効果が得られるか、といった点について研究することにしました。またこれと並行して、子どもたちが将来の希望を叶えるためのことわざ教育のあり方についても、検討を重ねることにしました。
　その結果、子どもたちが教師とともにことわざを学び、自分の考えを表現するなどの活動に参加できれば、ことわざを確実に理解し、身に付けられることが明らかになりました。
　本章ではその道筋を振り返ってみたいと思いますが、その前にちょっと寄り道をして、「ことわざとは何か」ということについて考えてみることにしましょう。
　一般的に知られているのは、〈ことわざは行動の規範や規則を表し

た短文句〉といった表現です。これに対し、言語文化人類学や民俗学、社会歴史学の分野では、次のような考えで一致を見ています。

　ことわざとは、ある状況において「人は何をするのか」、また「人はどんな行動をとるか」ということを社会の人々に知ってもらう手段であり、人間の叡智（えいち）に対する解釈を伝える言葉である。

　ことわざの定義ついては後ほど詳しく見ていきますが、ひとまず後者の考えを前提にして、ことわざの魅力と役割を探ってみることにします。
　何はともあれ、ことわざには健全な人格形成に大きな意義をもつ情報がぎゅっと詰まっています。ですから、古来よりことわざは人格を形成する過程において、具体的に役立つ教育法として使われてきました。その理由は、ことわざには道徳的な意味があり、私たちが遭遇するであろう状況の判断指針を簡潔で記憶に残りやすいかたちで言い表しているからです。
　ことわざは古い言い習わしですが、いつの時代にも役立つ新鮮さを有しています。しかし、現代社会ではその存在と意義が見過ごされており、残念でなりません。

2　プロジェクトの概要

(1) 子どものことわざ教育に関する研究

　子どものことわざ理解については、多くの研究報告があります。しかし、ことわざに見る比喩の意味やことわざが生まれた背景を教えるといった〈生きるための知恵〉がもつ現在的な役割については、ほとんど注目されてきませんでした。
　心理言語学の研究によれば、子どもがことわざを理解し活用できる

ことは、すでに知られています。実際、知り合いの教師からも、子どもたちが楽しんでことわざを学んでいる、という話は聞いています。
　それによると、子どもたちはことわざを日常の知恵が詰まった文化的な言葉である、と捉えているようです。しかし、これらは単なる調査報告に過ぎず、詳細に練り上げた教育方法に基づいて行われた、実践経験から得られた知見ではありません。
　そこで、私たちは小学4年生がことわざに親しむための新しい教育方法を築こうと考えました。このように言うのも、古くから言い伝えられてきた伝承ことわざには、人々が共通してもつ価値観が込められているからです。
　そこで、過去に行なわれた伝承ことわざの教育に関する研究内容をまとめ、新しい教育方法論を構築することにしました。
　その第一に取り組んだ作業が、多くのことわざのなかから授業で採り上げることわざの選定でした。

(2) 使用頻度の高いことわざ150

　さまざまなことわざ辞典には、数えきれないほどのことわざが記されています。しかし、一般的に使われる基本ことわざは、英語文化圏では300ほどだと思います。そのなかから、日常においてよく使われる150のことわざをまとめてリストにしました。（訳注：第9章参照）その選定基準は次の2点です。

① 責任感や倫理観など、子どもが身に付けてほしい価値観が含まれていること。
② 教え方に創意を凝らすことができ、子どもたちも楽しく取り組めるという展望が開けること。

　〈生きるための知恵〉が込められたことわざは、世界中に存在して

います。この世界観に注目して授業を進めると、ことわざには人類に共通する経験や考え方が反映されていることが理解できるようになると思います。そして、さまざまな教科のなかで、ことの善し悪しを説いたことわざを採り上げて教えれば、何事にも前向きに取り組むようになれる、という仮説を立てています。

このことから、私たちの年間プログラムは、国語だけではなく他の教科の学習にもことわざを活用する授業形態を採りました。ことわざの倫理的な価値観に触れながら子どもたちの人格を形成したい、と考えてのことです。

3　先行研究の盲点と私たちのプロジェクト

子どもとことわざにまつわる研究は古くから存在しています。手元には世界中から集めた興味深い研究が100本以上あります。しかし、私、ミーダーがこれまでに明らかにしてきたように、―なかにはことわざの文化的・教育的な主題を論じた研究もありますが―多くの研究は子どもたちのことわざ理解と認識に関する調査をまとめたものでしかありませんでした。

しかも、その多くが心理学者によって書かれたもので、子どもは6歳から9歳になると、比喩的なことわざを理解して使うことができる、というようなおおよそを述べたに過ぎません。また残念なことに、他の分野の研究者や教育者は、ことわざの比喩的な側面については興味すら示してこなかったという、歴史的な背景もあります。

これらを総合すると、伝承ことわざという経験知を教えるにあたり、ことわざがどのような役割を果たせるのか、さらには果たすべきなのか、といった点が見過ごされてきたということになります。

私は、これまでに広く集めてきた研究論文と、自らの研究成果を活用して、子どもたちを責任感のある大人に育てたい、と考えてきまし

た。そのためには、保護者と教師がことわざに関心をもち、長い年月に裏付けられた〈生きるための知恵〉を共有することが大切である、との思いを巡らしてきました。

　子どもたちが自分の言動に責任がもてる人間に成長するためには、ことわざのもつ道徳的な意識体験が欠かせません。この意味から、ことわざの授業を受けることができた子どもたちは幸運に恵まれた、と思っています。

　このように言うのも、現実には勉強に無関心で、よりよく生きることに否定的な態度を示す子どもたちが存在し、その指導に教師の精力が奪われることも少なくないからです。

　米国では、子どもが思わしくない態度をとる原因は、薬物の乱用、家庭や交友の問題といった校外の環境にある、という事例が数多く報告されています。このため、教師たちは子どもの学校生活や私生活における、好ましくない言動の改善策を考え続けてきました。

　私たちはその一端として、ことわざ教育によって子どもたちは健やかに育つのではないか、よくなるとしたらその理由は何か、そして今後はどのような授業形態を用いればよいのか、といった疑問の解消に向けて知恵を絞ってきました。

　そこで得た結論は、世間に共有されていることわざの知恵を、小学4年生のカリキュラムに導入することでした。ことわざ教育をもって、子どもたちが社会の一員として、責任感のある大人に成長することに寄与したい、と考えたのです。人類が経験で得たことわざという叡智の結晶を学ぶことによって、間違いのない価値判断を下す能力を体得することに期待を寄せたわけです。

　『子どもとことわざは真実を語る―ことわざの叡智を小学4年生に教える―』というプロジェクトには、授業の進め方、カリキュラム研究および評価方法を組み入れました。その結果、幸いなことに多くのメンバーが、子どもたちがことわざの叡智を学び、建設的に活用でき

る人格を培えるように協力してくれることになりました。

　1年間の授業を成し遂げて言えることは、小学4年生という学年は社会的な価値基準としてのことわざを学び、人格を育むのにふさわしい時期にある、ということです。このことから、私たちの年間プログラムが多くの授業で採用され、一人でも多くの子どもたちがことわざの叡智を学び活用してくれることを、心待ちにしているところです。

4　プロジェクトで重視したこと

　これから述べることわざ教育は、私、ホルムズが作成した4年生の通常カリキュラムに、ミーダー教授のプランをアレンジし、1年間にわたって継続してきたものです。

　教師という仕事を長年続けていても、教師と子どもたちが互いに大きな影響を受けるような機会はそれほど多くありませんが、本プロジェクトはその稀な機会となりました。

　私の目標は分かりやすくシンプルです。それは、子どもたちが道徳的なメッセージをもつことわざを学び、身に付ける場を設けることです。さらに、身近なことを題材にしてことわざの意味を教え、子どもたちの人格を陶冶することです。

　教育改革に関する研究会は、現在も継続して開かれています。そこにおいていつも論議の的となることの一つに、各教科で学ぶ概念やスキルなど、生徒が実際に体験できる学習活動を増やす必要があるかどうか、ということがあります。

　学習は活動的なプロセスです。この研究会で集約されてきたのは、教師は問いかけながら生徒とコミュニケーションをとり、生徒が知識を積み重ねながら自分の考えを試し修正する、といった機会を保証することでした。

　私たちのことわざプロジェクトは、このような論議を下敷きにして

実現しました。各教科の学習内容だけでなく、同時に学んだことわざへの理解を深め、それらの関連性に対しても批判的・論理的に思考する能力を高める授業として誕生したのです。

以下に、私が担任する4年生のクラスの実践活動を4つに分類して紹介してみましょう。

(1)　教師と子どものマンツーマン指導
(2)　教師主導による小グループでの指導
(3)　子どもが個人で行う作業
(4)　子どもたちが協力して行う作業

このようなバラエティに富んだ活動のなかには、子どもたちから提案されたアイディアも含まれています。理解のレベルに個人差はありましたが、スタイルの異なった学習課題を示すなどして、すべての子どもが興味深く取り組めるように配慮しました。

新しいことわざプロジェクトは、子どもたちが机の上に置かれた〈ことわざノート〉を見つけた始業式の日に始まりました。この日は、ことわざプロジェクトがどのような授業であるかを紹介し、「ことわざを活用した読み書きやディスカッションを通して、しなやかに考える力を伸ばして行きましょう」と話しました。

ところで、「ことわざっていったい何だろう?」という初日の問いに対し、子どもたちはどのような反応を示したと思いますか。実際には、ことわざという単語を知らず、その意味内容についても的を射た答えを返す者はいませんでした。

参考までに、このときに子どもたちが考え付いた答えをいくつか選び、そのまま紹介してみましょう。これらのユニークな発言は、ことわざプロジェクトがゼロから出発した証でもあります。

(1) ことわざは巡礼者の衣装だと思います。巡礼者がインディアンと戦争をするときにこの服を着ました。
(2) すごく難しい算数の問題を解くときに使える、解き方のことだと思います。3桁以上の問題も解くことができます。
(3) バーモント州で見られる植物の一種だと思います。小さな葉っぱがぎっしり生えている植物です。この辺りではたくさん見かけることができます。
(4) 動物かな。
(5) 大文字二つの単語。
(6) ことわざ（proverb）は動詞の一種だと思います。Proverbには最後にverb（動詞）という単語が含まれているからです。Proverbはpros（賛成）とverbが関係しているのかもしれません。

　その翌日には、事前に選んでおいた150のことわざのうち、38句を虫食いの形（穴埋め形式）で示し、空欄を正しく埋めなさい、という課題を出しました。その結果は、後に示すように当てずっぽうの解答が多く、何も書かれていないものもありました。
　しかし、その場で正答を与えることはせず、ミーダー教授の来校日を待つことにしました。つまり、本格的にプロジェクトがスタートしたのは、ミーダー教授の来校初日だったというわけです。
　その当日に驚いたのは、ミーダー教授が手始めに選んだことわざ、「大きな魚が小さな魚を食う＝弱肉強食」（Big fish eat small fish.）に、子どもたちが大喜びをしたことです。さまざまなメディアを駆使した授業に引き付けられ、俄然やる気が湧いてきたのだと思います。
　この日の授業は、プロジェクトの滑り出しとして文句のつけようがありませんでした。子どもたちの心のなかに、もっと多くのことわざを学びたいという意欲が盛り上がってきたに違いありません。
　このように大成功でスタートした出前授業で大切にしたのは、生徒

の興味・関心でした。ですから、他の授業においても生徒の「学びたい」、「やってみたい」という意欲に沿って、カリキュラムを組むことにしました。これから記すことは、そのことわざ学習の計画と具体的な内容です。もちろんこれに捉われる必要はありませんが、参考にはなると思います。

5　ことわざとテーマに橋を架ける

(1) なぞらえて学ぶ

　よりよい授業を進めるために、まず、その教科にふさわしいテーマとことわざを選ぶことから始めました。これは、ことわざと教科との間に自然なつながりをもたせるための欠かせない作業です。
　教育改革の研究会では「問いかけ」を重視し、多様な切り口をもつ学習開発に焦点が当てられてきました。このような学習活動に注目が集まるなかで、私たちは古代ギリシャ人とその文明を最初のテーマとして、1年間にわたる学習活動を始めました。
　まず採り上げたのは、ギリシャの人生訓、「人は万物の尺度である」(Man is the measure of all things.) です。しかし、いきなりことわざの学習に入らず、クラスの仲間で都市国家の名前を付けたグループ作りを行いました。そして、各自でギリシャ人名のニックネームを付け、自ら選んだ神話を読むことにしました。
　一つのことわざに設定したのには理由があります。当初は毎週3句から4句のことわざを学ぶ授業を開きたかったのですが、地域と州の規定により授業時間は増やすことができません。そこで、それぞれの教科のなかにことわざを見つけたり、教科内容に当てはめて活用するなど、ちょっと間借りをする趣向を凝らしたという訳です。
　色々な教科の学習内容と連携を保ちながらことわざを学ぶことで、単にことわざだけを学ぶよりも想像力が増し、創造性の豊かな学習意

欲が生まれたように思います。つまり、一つの教科のなかで多様な成果が得られたという訳です。

ことわざを加味する方法は教科によって異なりましたが、何かになぞらえながら横断的に学んだことわざは、自分自身のことはいうまでもなく、他者、さらには世間というものに目を開くきっかけとなったようです。そして、学んだことわざを日常生活に当てはめることができる、という実感を得たことは、さらに意義深いことでした。

ミーダー教授が初めて教室に訪れて以来、ことわざ学習は学校生活の一部として定着しました。そして、互いに「このことわざの意味をあの子はどう考えているのかな」と気を配り始めている様子が、見て取れるようになりました。

(2) 対話を重視した授業

毎週火曜日、午前中の30分を使ったことわざノートの時間には、対話形式の授業を行いました。その冒頭では、考える材料としての問いを投げかけ、円滑にスタートできるように心がけました。

たとえば、「己が欲するところを人に施せ＝己の欲せざる所は人に施す勿れ（論語）」（Do unto others as you would have them do unto you[1].）を採り上げたときは、次のように問いかけて意見交換のきっかけをつくりました。

・「このことわざは私たちにどんなことを教えてくれますか」
・「私たちは他人にどのように接したらよいのかな」
・「このことわざはなぜ黄金律と呼ばれるのでしょう」

1：黄金律（おうごんりつ、英：Golden Rule）と呼ばれ、多くの宗教、道徳や哲学で見出される「他人にしてもらいたいと思うような行為をせよ」という内容の倫理学的言明。現代の欧米において「黄金律」という時、一般にイエス・キリストの「為せ」という能動的なルールを指す。unto は to の古語。

また、「人にはそれぞれのやり方がある＝十人十色」（Different strokes for different folks.）を話題にしたときは、下記のように問いかけました。

・「このことわざは私たちに何を伝えていますか」
・「なぜ私たちは他の人がしたいようにする自由を認めなければいけないのかな」
・「どうしてこのことわざは民主的と言われるのでしょう」

　秋学期の授業では、このような問いかけによって地ならしをしながら、プロジェクターなどを用いてことわざを学びました。そして、生徒が既に知っている知識や創造性を引き出すために、「これはどんな意味でしょうか」という問いに始まる意見交換を実施しました。

（3）カルチャーキットからの発想

　自分の考えを自由に述べるブレーンストーミング方式を用いると、ことわざの意味理解などの導入がしやすくなります。
　この方式を活性化させる秘訣は、子どもからアイディアが出てくるまで待つことです。最初に出されるいくつかの考えは、かなりありきたりのものですが、自分の考えが尊重されることを知って自信をつけると、ユニークでおもしろい発想が広がってくるようになりました。
　一つのアイディアが種となり、さらによいアイディアが芽生え、自分の考えをどんどん育てるようになります。どんなアイディアでも、たとえそれが馬鹿げているとか滑稽だと思われそうなものでも、きちんと受け入れてもらえることを実感することが大切なのです。このようにしながら授業終了前の10分間は、ことわざの意味を解釈してイラストで表現する時間に充てました。（p.25参照）
　このようなあるとき、開始当初から続けてきたディスカッションの

時間に、うれしい現象に気づきました。互いを尊重しながら意見を交換するうちに、子どもたちはある重要な行動を示すようになっていたのです。それを発見した日の子どもたちには、授業以外の場面でも同様の行動が見られました。

　10月に始まった国連の授業でのことです。そのときは、最初の授業で用いたことわざに焦点を当てました。子どもたちには、自分で選んだ国のことわざをインターネットで調べ、その教科の必須課題の一つである「カルチャーキット」（訳注：教材をまとめて整理する箱や袋の類）に収納するように指導しました。このカルチャーキットには、子どもたちが自分で見つけてきた外国の地図、写真、民芸品などが含まれています。

　さてうれしい現象とは、子どもたちにはアニメ、広告、自分で選んだ本などから、ことわざを見つけてくるという主体的な行動が見られるようになったということです。これは国連の授業にことわざを採り入れたことによる、大きな収穫でした。ことわざには他の国とのつながりがあることや、意味が似ていることなどについて考え、話し合った成果だったと言えるでしょう。

　このように、さまざまな学習スタイルを通じて、生徒が自主的にバラエティに富んだ活動ができるようになったのは、2ヵ月目に入ってからのことです。人形劇の脚本を書き、人形や人形劇の舞台を作ったのはその一例です。

　人形劇は、ことわざという生活のヒントとなる〈生きるための知恵〉に学んだ実績を、ミーダー教授に楽しんでもらうにはどうしたらよいか、ということについて話し合った結果として生まれた、見事なパフォーマンスでした。

6　授業で用いることわざを選ぶ

（1）今週のことわざ

　授業で採用するテーマを選んだ後は、それにふさわしいことわざを選び、実際の進め方を検討しました。そして、テーマ毎に用いることわざの数は5〜6句と決めて授業に臨みました。

　しかし、蓋(ふた)を開けてみると、一つのことわざに人気が集中し、そのことわざに夢中になってしまう傾向が見られたのです。そこで、皆の意見を聴くことにしました。

　子どもたちは、「一つずつ『今週のことわざ』を選んでもらった方がやりやすい」と率直に話してくれました。このことから、私が提示したことわざの中から、子どもたちの興味に基づいた1句を選ぶ方法に改めました。

　一つのことわざを選ぶまでに曲折したのは、一コマの授業時間が50分に限られていることも影響していました。今では、多くのことわざを採り上げるより、子どもたちの気に入ったことわざに的を絞って楽しく取り組めたことは、正解だったと思っています。

　このようにして授業を進めましたが、子ども同士でことわざの意味を考え、より深い理解に到達するまでには、それなりの忍耐が必要でした。そのときの助け舟となったのが、作文やイラストを用いた発表会などのアクティブな授業でした。

（2）学校と家庭の協働

　実は、私たちが住む地域では、教科の一つとしてコンピュータの時間を採り入れることが定められています。そこで、家系図を描くソフトと保護者のボランティアに助けを借り、「りんごは木から遠くには落ちない＝蛙の子は蛙」(The apple doesn't fall far from the tree.) というタイトルをもって描くことにしました。

そこでまず両親、祖父母、曾祖父母の写真を学校へ持参することから始めました。ボランティアには毎週、名前をタイプするなど、家系図の作り方を一人ひとりに教えてもらったのです。さらに、1年間の終業が間近に迫ったある日、もう一人の母親にも加わってもらい、それぞれが作った家系図を額に入れるための指導を受けました。

学校と家庭が協働したこの企画は、ことわざを採り入れた授業のなかでも最も総合力が発揮できたものとなりました。その額はプロジェクトの思い出として、子どもたちにプレゼントされています。

子どもたちが主体となって学習を進めるには、このようなモチベーションの与え方が鍵になります。そこで毎週、ミーダー教授と事前に連絡を取り、学習テーマや教材についての意見を交換しました。子どもたちが学習に意義を感じ、興味をもってくれる方法でことわざを紹介できたのは、この事前の打ち合わせのお蔭だったと思っています。

ミーダー教授の授業では、ことわざを専門的に深く学んだと同時に、実社会でのモノの考え方や調べ学習の方法など、学びの基礎を培うことができました。これらの学習に加え、創造的なアートの作成や、映像や音声がついたマルチメディアに基づいた資料の活用により、学びに広がりが生まれました。

このような学習法の工夫により、音楽、美術、講義、ディスカッションといった学習活動にもことわざを導入することができました。これらの多様な授業を通して深く感じたのは、子どもたちと教師が一体となって取り組むことの大切さでした。これこそがことわざを活用したプロジェクトの恩恵だった、と言っても過言ではありません。

7　ことわざを作品づくりに活かす

子どもたちがそれぞれの長所、才能、知識のレベルに応じて選んだ作品や成果をたどっていくと、その源は子ども自身の興味にある、と

いうことが分かります。

　その原動力となったのは、何といっても〈ことわざノート〉作りでした。それは単に鉛筆、マーカー、そしてクレヨンを使っただけのノートではありません。目指すところは、いろいろなことを目で確認して理解を深めながら、ことわざとの関係性を導き出せるようになることでした。さらには、数多くのことわざに親しみながら、ことわざに隠されているもっと大きな意味を見い出すことにありました。

　そんなある日、ミーダー教授が帰ったすぐ後に、クラス全員が「色々なことわざを人形劇で発表してみよう！」という話でまとまりました。そして、子どもたちは自主的にグループをつくり、シナリオをノートに書き始めました。選んだことわざとその解釈をセリフのなかに採り入れ、舞台背景まで自分たちで作ってしまったのです。

　シナリオの構成力は小学生レベルではありましたが、劇のなかで表現したことわざの解釈力は、保護者をはじめとする大人の聴衆が理解し、楽しめる域にまで達していました。

　また、〈ことわざポスター〉も作りました。教室の壁などに飾られたポスターからは、ことわざの理解度が読み取れます。ポスター作りの最中、私にはふとジョン・デューイの『経験としての芸術』（1934）が蘇ったことを思い出します。

　このようなことわざを美術としての形にする作業は、9歳〜10歳の子どもにとっては決してやさしいことではありませんでした。実際、彼らが作ったポスターは、ことわざの意味を十分に反映したとは言えないものもありました。とはいえ、子どもたちは理解した意味の範囲において全力で表現を試みたことに無駄はなく、意義深いことであったと確信しています。

Children and Proverbs
Speak the Truth

第 **2** 章

秋 学 期

1　ホルムズ先生の教育理念

　ホルムズ先生は子どもたちの理性と感性を育み、問題解決能力を高めることを主眼に置いた指導を行っています。このことわざプロジェクトを始めたときは、バーモント州のミルトン小学校で4年生のクラス担任をしていました。
　ホルムズ先生の教育理念は、次の三点に集約されます。

(1)　イノベーション（未来に向けた革新性）
(2)　アカデミックエクセレンス（教育としての質の高さ）
(3)　インテグレーション（さまざまな学習要素の融合）

　(1)の革新的理念とは、具体的な取り組みである(2)と(3)を包括する斬新な志向性です。ものごとの善し悪しを生徒自身の力で考え、自律心を養い、然（しか）るべき価値観をもつ子どもを育てることです。この教育理念に基づく成果として、子どもたちは自分をコントロールする力や、お互いを尊重する心を養うことができました。換言すれば、倫理的思考力の向上にともなう人格が培われた、ということに他なりません。
　米国とバーモント州には、高い教育基準があります。それらに基づいたカリキュラムでは、ことわざを常識や倫理的な価値を反映した文芸であり、多様な教科にまたがる学際的な教材である、と捉えています。つまり、文学、歴史、社会、理科、数学、美術といった科目にも、ことわざを学ぶ舞台が準備されているということです。
　そこで、以下に主要教科の教育目標を挙げ、ことわざ教育の可能性を考えてみることにします。

・理　　科…予測・観察・報告など、科学的な考え方を育むために活用する。

- 生命科学…生き物の行動を観察するなど、気づきを促す学習活動に寄与する。
- 数　　学…計算ドリルだけではなく、生活のなかで経験する問題解決に活かす。
- 社　　会…世界の国々や、国連憲章と国連組織の大切さの学びを効果的にする。
- 米国地理…バーモント州および自分の好きな州を掘り下げて学ぶ糧にする。

　私たちのクラスでは、1年を通してこれらの教科にことわざを織り込み、よりよい地域、国、世界の創造を目指して授業を進めました。この間に、社会的公正、倫理的ジレンマ（訳注：正当性をもつ二者の板挟み状態）、市民活動の可能性などの課題にも取り組んできました。
　これらの教育目標や具体的な課題に取り組むなかで、ことわざを人としての道標となる、世界共通の〈生きるための知恵〉として活用することができました。
　さらに特別授業では、1年をかけてさまざまなフィクションやノンフィクション文学を読み、学習成果の発表会を開きました。そのなかで、本や演劇の登場人物が下した判断や、その人の長所・短所の分析も行いました。
　こうしたことわざを組み込んだ積極的な学習体験によって、子どもたちは伝統的な知恵を自らの生活に応用する方法を身に付けていったという訳です。
　このように、ホルムズ先生は専門でもあるカリキュラムや評価法などの基準づくりに力を注ぐ一方で、身近な課題とことわざについて、生徒が理解できるように心を配った授業は、見事という外ありません。

2 出前授業の初日に話したこと

　私、ミーダーが初めてミルトンの町へ車を走らせた日のことです。小学4年生に「ことわざとは何か」というテーマでたっぷり1時間をかけて話しました。しかし、その当初の子どもたちは、何のことやらさっぱりわからない様子でした。

　その後、説明を続けるにしたがって、ことわざの意味を理解してくれるようになったことをうれしく思い出します。そしていつしか、下記のようなことわざを口にするようになっていました。

- 大きな魚が小さな魚を食う＝弱肉強食
  Big fish eat little fish.
- 行動は言葉より雄弁である＝不言実行
  Actions speak louder than words.
- 早起きの鳥は虫を捕る＝早起きは三文の得
  The early bird catches the worm.
- 跳ぶ前に見よ＝転ばぬ先の杖
  Look before you leap.

　ただし、これらのことわざの意味を説明したり、文章に挿入して一貫性のある表現にすることになると、やはり難しかったようです。

　初日の授業では、短い文がことわざと呼ばれるには、どんな条件が必要なのか、ということについて説明しました。また、ことわざの形式については、比喩がよく使われていることや、頭韻や脚韻といった技巧がほどこされていることにも触れました。

　ことわざについて語り過ごした初日の授業は、教師として決して忘れることができない思い出です。ことわざのおもしろさに子どもたちが心を弾ませ、ことわざとは何かを理解していく様子を目の当たりに

することができたのは、本当に素晴らしい体験でした。

　それ以降も、並列構造、簡潔性、修辞表現といったことわざの要素について話し、スライドを用いて印象を深めました。さらに、授業が進むにしたがって多様なスライドを用い、広告、新聞の見出し、絵画、風刺画、アニメ、漫画、グリーティングカード、ポスターなどに登場することわざのはたらきなど、話す範囲を多方面へと広げていきました。

　視覚的な教材は、さまざまな状況で使われていることわざを自分の目で確認することができ、ことわざの比喩とその意味を理解するのに役立ったことを実感しています。

　このような授業を契機として、子どもたちは印刷物やその他のマスメディアに見られることわざの活用例を探し始めました。その結果として、日常会話や文章表現といったコミュニケーションのなかで、〈生きるための知恵〉として使えるまでに成長したのだと思います。

　これらに加え、ことわざが歌詞のなかで意味をもっている歌謡曲を聴かせたこともありました。たとえば、パール・ベイリーの"Takes Two to Tango."[2]（1952）、ザ・ビートルズが歌った"Can't Buy Me Love."[3]（1964）、ボブ・ディランのヒット曲"Like a Rolling Stone."[4]（1965）などです。

　3週間に1度でしたが、大学教授として小学校の授業で教えたことは、30年間にわたる教師人生のなかで、最も感動的でやりがいのある仕事でした。4年生の子どもたちと一緒に過ごす時間は本当に楽しく、ときには彼らの知力と行動力に心底驚かされもしました。

　私が教えている大学生たちに、「小学生と勉強する時間は実に楽し

2：（元句）It takes two to tango. タンゴを踊るには二人要る＝片手で錐はもまれぬ。
3：（元句）Money can't buy me love. お金は私に愛を買い与えることはできない。
4：（元句）A rolling stone gathers no moss. 転がる石に苔むさず。「転がる石のように」というタイトルは、「落ちぶれた人生」の意。p.37参照。

い」と話したのも、1度や2度ではありません。小学生たちがことわざに対して抱くわくわくした気持ちと学習への意欲は、湧き出る泉のように純粋なものでした。大学生も小学4年生に負けずにやる気をもって研究に取り組めば、さらに成績も上がるのに…、と考えてしまったほどです。

3 「ことわざノート」を作る

　授業計画にも書いたように、私たちは100ページの〈ことわざノート〉を作りました。巻末に150の〈ことわざリスト〉を載せたこの冊子は、ことわざ教育に興味のある人にも配布しました。

　ことわざリストは授業に採用することわざを引き出すための、使用頻度の高いことわざ集です。このことわざノートは、課題を進めるなかで自由に書き込みながら完成させていくことから、ことわざリスト以外のページはすべて白紙になっています。

　授業の基本は、教師もしくは子どもが選んだ一つのことわざについてディスカッションし、その内容をことわざノートに記録することにあります。

　もちろん生徒には、「間違った意見や発言はありませんよ。どんどん手を上げて発表して下さいネ」と、事前にしっかりと伝えておきます。この一言は、子どもたちが競って自分の考えや解釈を発表するようになるための大切なポイントです。

　次に、あることわざの日の授業の流れを紹介してみましょう。

(1)　プロジェクターでことわざを映し、それについて意見を述べ合う。
(2)　15分ほどかけて単語や比喩、ことわざの意味などについて話し合う。
(3)　ことわざに最も関係が深そうな意見・発言をプロジェクターで投

影する。
(4) ディスカッションを終えたのち、ことわざノートの白紙ページ上段にことわざ、下段に自分で考えた説明を簡潔に書き、中段にはことわざをイラストで表現する。

　これまでに25のことわざを学んだ子どもたちは、ことわざを題材に素晴らしい絵を描き、その説明を付け加えた作品を作り上げました。そのお蔭で、子どもたちは言うまでもなく、私たちと同様に他の教師や保護者たちも楽しむことができました。
　このようにして、20人が25のことわざを1ページずつ作品に仕上げていったのです。いかがでしょう。ことわざのイラストや子どもの絵や言葉で合わせて500ページが埋め尽くされ、すべてのノートが完成したところを想像してみてください。

4　マスメディアを活用したことわざ理解

　子どもたちはマスメディアで使われていることわざから、多くのことを学びました。たとえば、ことわざはまじめなことを伝えるだけではなく、日常のユーモアを交えたコミュニケーションにも効果的に活用できる、といったことです。つまり、ことわざは単なる古典ではなく、現代にも通用する言葉であることを意味しています。
　写真や文章でことわざを採り込めるスライドは、授業をすすめる上でたいへん役に立ちます。事実、新しいことわざを理解しやすいようにと考えて作ったスライドは、子どもたちの大人気。なかでも、ことわざをイラスト化した広告のキャッチコピー、新聞・雑誌の見出し、風刺画、アニメ、漫画、ポスターなどの身近なことわざ表現をスライドにして見せると、授業が弾みました。
　ことわざの背景について学ぶ前にはこれらの資料の活用だけでなく、

歌も歌いました。このようにして子どもたちが乗ってきたところで、ことわざの意味、歴史、普及、用途などについて話すと、ディスカッションは盛り上がりを見せます。

ことわざ学習が進んでいくと、生徒は広告、アニメ、漫画などのマスメディアのなかから、ことわざを探し出せるまでになりました。毎日、誰かが必ず見つけてくるようになったのは大きな成果です。休み時間などにおいても、ことわざを取り混ぜて話している様子が見受けられたのは、その証だと言えるでしょう。

先にも書いたように、広告などのイラストをプリント資料として採り入れた授業も大成功でした。ことわざ教育を実践しようと考えている方には、対象年齢が何歳であろうと、イラストを使った授業はお勧めです。この教授法は、バーモント大学の上級ドイツ語の学生にことわざやイディオムを教える際にも、効果を発揮しています。

このような方法により、私たちが毎日直面する事柄と同じように、ことわざがさまざまな場面に対応する〈生きるための知恵〉として、子どもたちの血となり肉となったのでした。ことわざをカッコイイとまで感じたのも、ことわざの知恵が社会で生き抜くために役立つ、と気づいたからに違いありません。

なお、授業を盛り上げたことわざには、次のようなものがありますので参考にしてください。

・大きな魚が小さな魚を食う＝弱肉強食
　Big fish eat small fish.
・垣根の向こうの芝生はいつも青い＝隣の柿は赤い
　The grass is always greener on the other side of the fence.
・人にはそれぞれのやり方がある＝十人十色
　Different strokes for different folks.
・タンゴを踊るには二人要る＝片手で錐はもまれぬ

It takes two to tango.

　余談ですが、出前授業に携わりながら、思い切って大学の教員を辞めて4年生の教師になりたいと思ってしまうほどでした。それは、小学4年生は大学生よりも興味を示し、熱意をもって授業に取り組んでくれたからです。

5　ことわざをイラストで表現する

　子どもたちは、ことわざをイラストで表現するのが大好きです。新しいことわざが紹介される度に、一つのことわざについてことわざノートの1ページを使い、学んだことをまとめました。その手順は先ほど記した通りです。(p.23(4)参照)

　この順番に沿って、子どもたちはことわざイラストを描き続け、なんとそのノートはおよそ50ページにも達しました。

　もちろん出来栄えはまちまちで、洗練されたものもあれば、ごく初歩的なものもあります。イラストにはスペルや文法の間違いもありますが、そのままコピーして掲載しました。

　これらのイラストを見れば、ことわざをどのように学び、活用できるようになったかは一目瞭然です。子どもたちがどれほど感動的な作品を作ったかが、よく分かると思います。

　なお、ことわざノートの初めと終わりのページには、黄金律のことわざ、「己が欲するところを人に施せ＝己の欲せざる所は人に施す勿れ（論語）」（Do unto others as you would have them do unto you.）を書き入れました。以下はその代表的な作品です。

きしむ車輪には油が差される＝ごて得
The squeaking wheel gets the grease.[5]

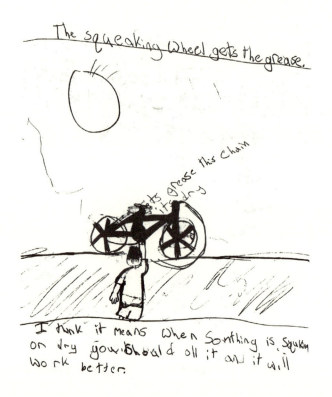

この意味は、何かがきしんだり乾いているときには油を差すべきで、そうすればまたよく動くようになる、ということだと思います。

5：はっきりと自己を主張すれば、見返りをきちんと得ることができる、という意味。肯定的な意味で用いられ、「出る杭は打たれる」とは逆の精神性がある。

ただのランチなんてない＝ただほど高いものはない
There's no such thing as a free lunch.

　これは、人々はがんばって仕事をしているので、それに値するお金を得るべきだ、という意味です。

井戸が涸れ始めて水のありがたさに気付く
You never miss the water till the well runs dry.

この意味は、いつもポジティブに考えなさい、ということだと思います。もしネガティブに考えたら、どんなことを考えても、それが現実になってしまいます。もう一つには、自分が持っているものは、それがなくなるまで気づかない、という意味もあるでしょう。

垣根の向こうの芝生はいつも青い＝隣の柿は赤い
The grass is always greener on the other side of the fence.

これは、他のものが良く見えるかもしれないけれど、自分が恵まれている点を考えるべきだ、という意味だと思います。

リンゴは木から遠くには落ちない＝蛙の子は蛙
The apple never falls far from the tree.

これは、両親や家族からかけ離れた大人に成長することはない、という意味だと思います。あなたがリンゴで、あなたの家族が木です。

見ることは信じること＝百聞は一見に如かず
Seeing is believing.

これは、見る必要がある、という意味です。

馬鹿とお金はすぐに別れる
A fool and his money are soon parted[6].

お金持ちでも投資をしなければ、お金はすぐに離れてしまう。

6：馬鹿はすぐにお金をつかってしまう、もしくは騙し取られやすいという意。

名声は富に勝る＝得失は一朝、栄辱は千歳
A good name is better than riches.

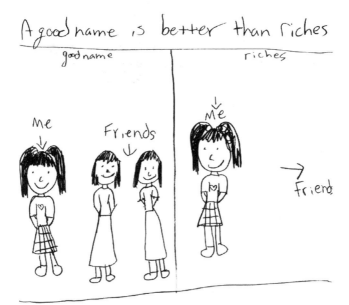

私だったら名声の方が欲しいです。なぜなら、（お金持ちだからといって）誰も私のことを好きになってはくれないし、私は友達が欲しいからです。

志あるところ道あり＝念力岩をも通す
Where there's a will, there's a way.

これは、何かをしたいと思っているときのことを意味していると思います。たとえば、自転車でアイオワ州を縦断することなどです。

プリンの味は食べてみなければ分からない
＝論より証拠
The proof of the pudding is in the eating.

それを味わってみなければなりません。そしてそれが好きならとっておきましょう。

どんな雲にも銀の裏地が付いている＝苦は楽の種
Every cloud has a silver lining.[7]

　これは、誰でも何かしら特別なものをもっている、という意味だと思います。私の特別な点は素晴らしいアーティストだということです。たとえ嫌な一日でも、何かよいことが起こり得るかもしれません。

7：地上から見る黒雲も、その裏側は陽光を受けて銀色に輝いている。悲観的なことにも楽観できる明るい兆しはある、あきらめるな、という意。

第 2 章　秋 学 期

転がる石に苔むさず
A rolling stone gathers no moss.[8]

1日動き続けていれば（丘を転げ落ちておれば）、することがなくて退屈する（苔がむす）ことはない。

8：ギリシャ語、ラテン語から英訳されたことわざ。「転石苔を生ぜず」はその日本語訳。転がること（転職・転居）をイギリスでは否定的に、アメリカでは肯定的に解釈することが多い。日本では両義的に解釈されている。

一枚の絵は千語の値＝百聞は一見に如かず
One picture is worth a thousand words.

ボクのおじいちゃんがTicondorogo号の絵を描いたら、皆がそのことを話していた。

時は飛び去る＝光陰矢の如し
Time flies.

楽しい時間を過ごしていると、時はとても速く過ぎます。

大きな魚が小さな魚を食う＝弱肉強食
Big fish eat little fish.

大きな会社が小さな会社を乗っ取る。
（より大きな魚や会社は常に存在する。）

本を表紙で判断するな＝人は見かけによらぬもの
Don't judge book by its cover.

物事の外側を見て判断してはいけない、ということだと思います。

ペンは剣よりも強し＝文は武に勝る
The pen is mightier than the sword.

ペンが剣よりも強いのは、ペンは平和をつくり、剣は命を奪うこともできるからです。ボクはペンを選ぶつもりです。

人にはそれぞれのやり方がある＝十人十色
Different strokes for different folks.

人はみなそれぞれ違い、他の誰かと同じになることはできない、という意味だと思います。

子どもたちが夢中になって取り組んだプロジェクトの集大成は、なんと言ってもこれらのイラストと自説で埋め尽くされた世界でただ一つのユニークな作品集に生まれ変わった「ことわざノート」です。
　子どもたちの芸術家や作家としての創造的な才能には感服するばかりです。まさに、中世の木版画から油絵、そして現代のアニメから漫画に至るまで、ことわざ図像学を継承する若きアーティストの誕生、と言ってよいでしょう。
　習得したことわざには、素晴らしい叡智が詰め込まれていますが、子どもたちはそれらを糧にして芸術家や作家としてのクリエイティブな才能を発揮し、これらの作品に結びつけたのだと思います。

真理の木と著者

"子どもとことわざは真実を語る"
ことわざの叡智を小学4年生に教える

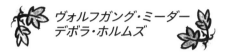

ヴォルフガング・ミーダー
デボラ・ホルムズ

- 知的美徳
- 新しいことを調べようという意欲
- 真理や道徳的価値に対する責任感
- カリキュラムを通じて学ぶ倫理観および価値観
- 1年間に学ぶ150のことわざ
- 倫理的内容に富んだ学科
- インタラクティブなマルチメディア
- 学際的学習

生きるための知恵　道徳的規律を育む　前向きな人格の形成

また主なる神は、見て美しく、食べるに良いすべての木を土からはえさせ、更に園の中央に命の木と、善悪を知る木とを生えさせられた。(旧約聖書 創世記 2:9)

教科

人格形成および倫理
- 己が欲するところを人に施せ
- 行動は言葉よりも声高に語る
- 善行の報いはその中にある
- 馬車を星につなげ
- 失敗しても何度も挑戦せよ
- 意思あるところに道あり

国連
- ひとにはそれぞれのやり方がある
- ペンは剣よりも強し
- 団結すれば立ち、分裂すれば倒れる

理科・算数
- 一人の知恵より二人の知恵
- 小さな失敗でも失敗は失敗
- 転がる石に苔むさず

"真理の木"

6　ことわざを用いて物語を書く

　この課題は、個々の子どもが一つのことわざを選び、それをテーマにした物語を書くというものです。物語の創作は、選んだことわざを具体的な文章のなかで活用するための試みです。その結果は見事な出来栄えとなりました。

　私たちは思わず20編の物語に読み入ってしまいました。作品の質には差がありますが、一人ひとりが全力で取り組んだことはしっかりと伝わってきます。こうした物語は、ことわざの道徳的な基礎を理解したという十分な証だと言えるでしょう。

　学んだことわざを物語という文脈のなかで活かせた小学4年生は、無理なくことわざに取り組むことができる年齢にある、ということを自らの力で明らかにしました。

　これまでに発表された子どもとことわざに関する文献には、この年齢の子どもたちはことわざを理解できない、と書いてあるものも多くあります。しかし、私たちの研究は、教師が実際にことわざを教え、生徒が考えながら創作活動を加味して学習するなどのプロセスを経れば、確実に理解へと導くことができることを明らかにしました。

　それは同時に、単なる理解の域にとどまらず、教室を離れたところにおいても、友達や両親との会話のなかにことわざを織り込めるようになる、という能動的な活用力をも確認したことでもあります。

7　ことわざ人形劇の台本を書く

　4人一組のグループに分かれた子どもたちは、それぞれのグループでことわざを1句選び、その句にまつわる短い人形劇の台本を書き上げました。そしてパペット人形を作り、舞台の背景も描くなどして寸劇を披露してくれました。

作品の作者がわずか9歳〜10歳であることを考えると、以下に示した文芸的作品はかなりの出来だと言えるでしょう。なかには文言の解釈に不備が見られるものもありますが、ことわざをしっかりと学んで意味を理解し、会話や物語の状況に応じた使い分けができることをつぶさに語っています。

　子どもたちは人形劇の制作と発表を心の底から楽しんでいたようですが、私たち2人はもとより、保護者や他の教師たちを含めた参加者全員が、子どもたちのパフォーマンスに深い感動を覚えました。

　子どもたちの演技に込められた創造性と熱意には驚かされました。まるでことわざに命が吹き込まれたようで、おそらくシェークスピアが、「終わりよければすべてよし＝細工は流々仕上げを御覧じろ」（「All's Well That Ends Well」）という戯曲を書いたときも、これらの人形劇をイメージしていたのかもしれない、と思ったほどでした。

　では、子どもたちが書いた台本のうちの6編について、提出されたときの文体やスペルなどをそのままに再現してみましょう。生徒が書いたこれらのショートストーリーは、散文と台本との違いに理解の不足があったグループや、ことわざの意味を台本に反映し切れなかったなど、文章として未熟なものもありますが、生徒のありのままの姿と感性をぜひ味わってみてください。

【人形劇1】

A Friend in Need is a Friend Indeed
まさかの時の友こそ真の友＝刎頸の交わり

キャスト
オードリー：語り手、犬の友達、手助けするパンダ
エマ：トラの友達（怪我をしている）、同情するサルの友達、赤ん坊

マギー：手助けするブタ
カール：手助けするネコ、同情する七面鳥の友達、手助けするカンガルー

あらすじ
語り手：イヌのジェシカとトラのエリカが、ディスカバリー通りを歩いていると、突然……
トラ：わぁ、しっぽを怪我しちゃった。助けて！
イヌ：私が救急車を呼ぼう！
語り手：そこでジェシカは公衆電話へ行って救急車を呼びました。
ブタ：大丈夫だよ、エリカ。あなたの親に電話で連絡したし、これから病院へ行くから。
カンガルー：心配しないで。
ネコ：よくなるから大丈夫だよ。
語り手：そしてエリカは病院へ行って病院の人たちに診察してもらいました。
クマ：ぼくは何本の指を立てているか分かるかな。
ネズミ：かわいそう、エリカ。
サル：僕も気の毒に思うよ。
七面鳥：本当にかわいそう。
全員：このことわざは「まさかの時の友こそ真の友＝刎頸の交わり」（A friend in need is a friend indeed.）です！

【人形劇2】

The Apple Never Falls Far From the Tree
りんごは木から遠くには落ちない＝蛙の子は蛙

キャスト

3人+語り手

ミセス・ピッグルウィッガムス

ポーキー（ミセス・ピッグルウィッガムスの息子）

ホルマン（ポーキーの友達）

語り手：ミセス・ピッグルウィッガムスは、「チューリップ畑をつま先歩きで歩く」（Tiptoe through the Tulips.）という歌を口ずさみながら庭を歩いていました。庭の隅には菜園がありました。彼女が菜園に来てみたら、ホルマンとポーキーが野菜を食べていました。彼女はポーキーに向かって叫びました。

ミセス・ピッグルウィッガムス：

　　　こら、ポーキー！　菜園から出なさい!!!

語り手：ポーキーは家に逃げ込み、そしてミセス・ピッグルウィッガムスはホルマンに言いました。

ミセス・ピッグルウィッガムス：

　　　こら、家に帰って、このことをお母さんに言いなさい。

語り手：ホルマンは家に帰り、母親にすべてを話しました。一方ミセス・ピッグルウィッガムスは罰としてポーキーを思いっきりたたいていました。彼女はヒッコリーの木の棒を持ち出して、彼をひっぱたいていたのです。ホルマンは罰として部屋の隅にだまって座らされました。ポーキーは空が落ちてくるかのような叫び声をあげていた一方で、ホルマンは静かに黙っていました。

　その後2人は成長して、それぞれに結婚しました。ホルマンには子どもが3人、ポーキーには1人できました。ポーキーは母親が亡くなるとその家、そして野菜も引き継いで立派に育てました。

ポーキー：お母さん、約束するよ。この家はお母さんがしていたのと
　　　　　同じように引き継ぐからね。

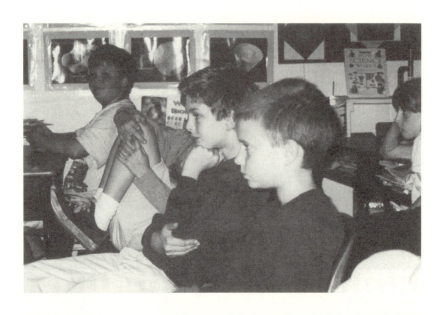

人形劇の鑑賞風景

語り手：ポーキーは母親が亡くなるときにベッドの横で誓いました。
語り手：ある日ポーキーの息子レイマンが菜園の野菜をむしって食べていました。
ポーキー：レイマン・ピッグルウィッガムス！　菜園から出なさい!!!
語り手：ちょうど同じ頃、ホルマンの息子の一人レイノがホルマンの菜園にいました。怒ったホルマンは罰として彼を部屋の隅に黙って座らせました。ポーキーはヒッコリーの棒で息子をひっぱたきました。
語り手：こんな風に、「りんごは木から遠くには落ちない＝蛙の子は蛙」（The apple never falls far from the tree.）ということなのですね。

【人形劇3】

A Fool and His Money Are Soon Parted
馬鹿とお金はすぐに別れる（p.32参照）

全員：サプラーイズ!!（びっくり!!）
ケリー：まぁ！　お母さんありがとう。お父さんありがとう。ジェームズもありがとう。サプライズ・バースデーパーティーを開いてくれてありがとう。
サミー：ケーキを食べたい？
ケリー：わぁ、とってもおいしい!!
語り手：そしてみんなはケーキを食べました。
サミー：プレゼントを開けよう!!
ケリー：オーケー!!
語り手：そこでケリーは別の部屋へ行ってプレゼントを開けました。
ブラッド：僕のを一番に開けて。
ケリー：わかった、わかった!!

語り手：そこでケリーはお兄さんからのプレゼントを開けました。
ケリー：まぁ、テディーベアだわ。
サミー：今度は私たちからのプレゼントを開ける番だよ。
ケリー：オーケー。
語り手：そこで彼女はお父さんとお母さんからのプレゼントを開けました。
ケリー：まぁ、お金だわ。
サミー：ちょうど1,000ドルだよ。
ケリー：それはびっくり。お母さんありがとう。お父さんありがとう。買い物に行ってもいい？
サミー：好きなようにしていいよ。あなたのお誕生日だからね。
ケリー：わかった。ショッピングモールへ行くわ。
語り手：そこでケリーは16歳になって免許がとれたので、車でショッピングモールへ行きました。
ケリー：このお店はかっこいいわ！まずあそこへ行きましょう。素敵!!この洋服を試着してみましょう。
語り手：ケリーは鏡を見て、その洋服を買うことにしました。
ケリー：この新しい洋服とカツラはどうかしら？
ブラッド：かっこ悪いね。なんでお金の無駄遣いをするんだ？
語り手：そしてケリーはお店を出ました。
ケリー：あら素敵なカツラのお店。あそこへ行きましょう。
店員：何かお探しですか？
ケリー：ちょっと見ているだけです。
店員：何かありましたら声をかけてくださいね。
ケリー：わかりました。（しばらく店内を見る）あれはいくらですか？
店員：500ドルですが、どうやったら装着できるかは無料でお見せします。

ケリー：わかりました。ではそれを頂きますが、どうやって装着する
　　　　かは教えてくれなくてもいいです。
語り手：ケリーはカツラを買って、お店を出ました。もう他には行く
　　　　お店はなかったので、ショッピングモールを出て家へ帰りま
　　　　した。

【人形劇4】

There's no such thing as a free lunch
ただのランチなんてない＝ただほど高いものはない

　あるよく晴れた日のこと、ランチのメニューはおいしいピザでした。「わぁうれしい、今日のお昼ご飯にはおいしいものが出て来るよ」とパムは言いました。その日は、がんばって算数、理科、社会を勉強して、やっとおいしいピザランチの時間になりました。

　彼は首を長くしてお昼の時間を待っていたので、彼女が「なんでただでランチがもらえないの？」と彼に尋ねたとき、ランチを売っている女性は「ランチを買うお金を稼がなきゃだめだよ。世の中すべてそういうものなのよ」と言いました。「でもハワイでリラックスすることもできるのに、がんばって勉強してランチを買おうとしているんだよ。頼むよ」「お金を稼ぐまではだめよ」「わかった、そうするよ」といって彼はほんとうにそうしました。

　このことわざは、「ただのランチなんてない＝ただほど高いものはない」（There's no such thing as a free lunch.）です！

【人形劇5】

April Showers Bring May Flowers
4月のにわか雨は5月の花を運んでくる

曇り空の４月のある日、ジェニファーとジェスティンは裏庭で遊んでいました。すると、雨が降り始めたので２人は家の中に駆け込み、雨がやむのを今かいまかと待ちました。

　雨は５月２日まで降り続きました。そしてとうとう雨はやみました。ジェニーは外へ出て言いました。「やったー！」ジャスティンは言いました。「４月のにわか雨は５月の花を運んでくるんだよ！」（April showers bring forth May flowers!）

【人形劇６】
A Barking Dog Never Bites
吠える犬は噛まない＝鳴く猫は鼠(ねずみ)捕らず

　ショーンは家を出て、母親のフランに「行ってきます」と言いました。彼は親切なご近所さんがいる閑静な住宅街に住んでいました。彼は夏の間は毎日その一角をのんびりと散歩することにしていました。

　彼が私道の一番奥あたりにいたら、ネコのファズが花の咲いている生け垣から飛び出してきました。ショーンはネコにイワシを３匹やると、そのまま歩道を歩き続けました。

　ミセス・ホワイトの家に着くと、彼女は新しいイヌを飼い始めていました！イヌは庭で鎖(つな)に繋がれておらず、怒って吠えたてていました。ショーンは逃げようかと思ったけれど、イヌは動かずにじっとしていたので、ショーンはにっこり笑って優しくイヌの頭をなでました。ショーンは犬との別れ際に「とってもおとなしくておりこうだね」と思いました。「次は何かご褒美(ほうび)をもってこよう」。

　ショーンは新しいイヌのことを考えてばかりいたので、ジャッキーが飼っているイヌのスパンキーのことを忘れていました。スパンキーはぜったいに吠えないイヌでした。でも悪いことをしてしまいました。

　ショーンはいつの間にかジャッキーの家の庭に着いていました。ス

第 2 章 秋 学 期

人形劇の舞台

　パンキーが飛びかかってきて、ショーンの袖を食いちぎってしまったのです。ショーンは叫びました「わぁ！　なんてイヌなんだ。やめてくれ！」。
　ショーンは走って家に帰りました。彼はドアをばたんと閉めて、台所へ駆け込みました。そのとき彼のお母さんが電話でこう話していました。「まぁステラ、新しいイヌを飼ったの。いいわね。あら、ショーンが帰ってきたみたい。またね」と言って電話を切りました。ショーンの顔を見て訊きました「何があったの？」ショーンは起こったことをボソボソとお母さんに伝えると、部屋を出ました。
　一方、ステラの家では……ステラが言いました。「要するに、『吠える犬は嚙まない＝鳴く猫は鼠捕らず』（A barking dog never bites.）のよね」

8　ことわざポスターを作る

　ことわざを用いたカラフルなポスターを作成し、教室の壁に飾りま

した。これは生徒が創造性を発揮しながら、自分たちの力でことわざの意味を発見するよい機会となりました。しかし、予測した通り、授業のディスカッションで採り上げたことがなく、初めて耳にすることわざへの取り組みについては、少し戸惑ったようです。

　この戸惑いは、子どもたちがことわざを理解するためには、最初にちょっとした手助けが必要なことを示唆しています。つまり、ことわざを理解し、日常のコミュニケーションにおいて使えるようになるためには、まずはことわざを学び、習うというプロセスが欠かせないということです。

　それにしても、ことわざを学習するときのわくわく感を表現した、言葉やイラストは見事です。これらの作品を見れば、彼らの気持ちが誰にでも伝わってくると思います。子どもたちも十分理解しているように、やはり「1枚の絵は千語の値＝百聞は一見に如かず」（A picture is worth a thousand words.）ということです。これらを見ると、20名の子どもたちの過ごした時間がいかに素晴らしかったか、ということが分かると思います。

　学年の始めに、日常においてよく使われることわざを150のリストにして配布しましたが、どのことわざを学習するかについては、生徒の選択に委ねたことも多くありました。なかにはバーモント大学が所蔵することわざの資料を用いて、新しく学ぶことわざの起源、歴史、意味、そして使い方を学ぶ日もありました。

　その資料には、ヒエロニムス・ボス、ピーテル・ブリューゲル、フランシスコ・ゴヤ等の芸術家が描いたことわざ絵画のスライドも含まれています。その他にも風刺画、アニメ、漫画、広告、新聞のヘッドラインを映したスライドで学んだり、ことわざが歌詞になっている歌を聴いたことは先ほど書いた通りです。

　このようにして、ことわざがいたるところに使われていることを知った子どもたちは驚き、以前にも増してことわざ学習に熱を上げる

第2章 秋 学 期

クラスの集合写真

子どもたちとことわざポスター

子どもたちとことわざポスター

ようになりました。先人の知恵が詰まった珠玉の言葉を、もっともっと学びたいという意欲が、ふつふつと湧いていたようです。

　子どもたちが大いにはしゃいだのは、ことわざポスターを教室の壁に飾り付けるときでした。ポスターにはことわざとイラストが描かれています。こうした特大ポスターは、学んだことわざを憶えるのに役立ちました。退屈そうな素振りを見せた子どもは一人もおらず、その熱意と知性には驚かされるばかりでした。

　新学期にことわざを学び始めて以来、子どもたちにはさまざまな成長が見られました。授業が進むにつれて、あることわざと同じ意味内容をもちながら、別の言葉や比喩で表している他のことわざを比較するようになったことは、大きな収穫でした。そして、時を選んで誰がことわざを一番たくさん暗記しているかを、大声で競い合うコンテストもしました。このようにして、教室のすべての空間がことわざで満たされていったのでした。

9　ことわざを用いてクリスマスカードを作る

　このプロジェクトのなかでうれしかったことの一つに、12月半ばに子どもたちが作ってくれた、クリスマスカードのプレゼントがあります。眺めるたびに幸せな気持ちにしてくれるこのクリスマスカードは、終生の宝物として大切にしたいと思っています。

　実は、クリスマスカードを作ろう、と言い出したのは子どもたちでした。この事実は、子どもたちがことわざ学習を楽しんだだけでなく、気づきや考えを表現するためにことわざを創造的に使うことができるようになった、ということを意味しています。

10　秋学期を終えるにあたって

　これまで述べてきたようにして秋学期の授業を進めてきましたが、そこには壁もありました。それは、ことわざの学習時間が十分に取れなかったということです。ことわざ以外にも教えなければならないことは山ほどあり、これ以上の時間をことわざに割くことができなかったのです。

　秋学期において、直接ことわざ学習のみに割り当てられたのは、週に2時間程度しかありませんでしたが、子どもたちが教室の外でもことわざに触れる機会はそこかしこにありました。また、このプロジェクトの実施期間は丸1年あることから、学年が終わる頃には、ことわざを学ぶ時間は、それなりの質量になると楽観していました。

　先にも述べた通り、私たちはこのプロジェクトにたいへんよい手応えを感じています。生徒や保護者の反応からも、ことわざ教育が知的かつ情緒的な関心を集めるきっかけとなったことが分かります。

　生徒たちがつくり上げた素晴らしいプロジェクトは、これに携わるすべての人に成功体験という宝物として蓄積されていくと思います。

　ことわざは人格形成に明確な役割を担っていますが、なかでも小学生への影響は大きいと思います。このプロジェクトで学んだ叡智（えいち）を生かして行動を始めた子どもたちが、責任感のある大人へと成長していくことが期待されます。

　ことわざプロジェクトの開講日は、生徒だけでなく私たちも、そして授業を支援してくれた人たちもが、毎回心待ちにしていた〈ことわざの日〉として定着しました。その秋学期の授業があっという間に終わってしまったことは残念です。しかし、それにも増して、本プロジェクトのここまでの成功を踏まえた授業が、春学期にも継続できることが楽しみでなりません。

*Children and Proverbs
Speak the Truth*

第 **3** 章

春 学 期

1　文学作品でことわざを学ぶ

　春学期には多文化的な視点から、リーディングの授業にもことわざを採り入れることにしました。その手始めとして、「読書の時間のために選んだ本には、どのようなことわざを当てはめることができるかについて考えてみましょう」と呼びかけました。

　たとえば、中国に関する授業では、ベット・ロードが書いた『いのしし年とジャッキー・ロビンソン』(1984)の英語版を読み、英訳された中国のことわざと、子どもたちが知っていることわざを比較しました。

　また、同じように、ミルドレッド・テイラー著、『雷鳴よ、私の叫びを聞いて』(1976)を読み、西アフリカのことわざを英語のことわざと比較しながら授業を進めました。

　そうすると子どもたちは、ことわざはその元となる文化によって違う印象を受けることに、強い関心を示しました。しかも、異なるのはことわざで使われている比喩であって、その意味は英語のことわざに似ているか、同じであることが多いと気づくまでに、それほどの時間はかかりませんでした。

　その成果の一端を紹介しましょう。以下の文言は、『雷鳴よ、私の叫びを聞いて』の第4章について書いた、2人のことわざノートをそのまま転記したものです。

　　この本にぴったりくるのは、「見ることは信じること＝百聞は一見に如かず」(Seeing is believing.)です。なぜなら、ローガンの子どもたちがベリー氏を見たとき、彼らはワラスのお店に行くべきではないということや、その理由を信じて理解したからです。

　　この章にぴったりのことわざは、「行動は言葉より雄弁である＝

不言実行」(Actions speak louder than words.)だと思います。なぜなら、子どもたちはワラスのお店へは行かないと言ったのに、結局は行ってしまったからです。

採り上げている時系列は異なりますが、2人はことわざの意味を理解しているからこそ、注目した場面に異なることわざをうまく当てはめることができたのです。

2　外国語を通してことわざを学ぶ

　春学期のハイライトは、なんといってもバーバラ・ミーダー先生（訳注：ミーダー教授の奥様。以降、バーバラ先生と記す。）が教える高校のドイツ語の生徒と一緒に、ドイツ語を学ぶ機会を得たことでした。子どもたちは週に一度のペースで高校を訪れ、バーバラ先生のドイツ語クラスでドイツ語を少しずつ学びました。

　小学生と高校生が一緒になって学ぶこの取り組みは、何年も前から行ってきたもので、ドイツ語のことわざ学習も加味されています。英語のことわざのなかにはドイツ語に翻訳されているものもあることから、子どもたちは2ヵ国語で同一のことわざを学習したという訳です。

　この授業では、バーバラ先生はドイツ語でことわざを教え、ミーダー教授がその意味について解説しました。そのなかで、子どもたちが最も興味をもったのは、「朝の時間は口の中に金を持つ」[9]ということわざでした。

9：曙の女神オーロラが髪と口に金の飾りをつけていたことによる。ドイツ語：Morgenstunde hat Gold im Munde. 英訳：The morning hour has gold in its mouth.「早起きの鳥は虫を捕る＝早起きは三文の得」(The early bird catches the worm.)に同じ。

3　道徳をことわざで学ぶ

(1) 教材に採用したことわざ

道徳について学ぶ授業で採り上げたことわざは、次の6句です。

① 志あるところに道あり＝念力岩をも通す
Where there's a will, there's a way.
② 一度でうまくいかなければ、何度でもやれ＝失敗は成功の基
If at first you don't succeed, try, try again.
③ 己が欲するところを人に施せ
　＝己の欲せざる所は人に施す勿れ（論語）
Do unto others as you would have them do unto you.
④ 正直は最善の策＝正直の頭に神宿る
Honesty is the best policy.
⑤ 行動は言葉より雄弁である＝不言実行
Actions speak louder than words.
⑥ 徳行の報酬はそれ自体である＝情は人の為ならず
Virtue is its own reward.
（訳注：よい行いの報いはその行為自体と、それによって得られる充足感であって、見返りを期待した行いは徳行とは言えない。）

(2) 児童文学を読み、ペアワークで解釈を深める

道徳の授業ではニューベリー賞の受賞作品、ルイス・ローリーの児童小説『ふたりの星』(1989) を読み、ことわざの理解をじっくりと深めていきました。ことわざの意味を理解して表現するには、背景となる知識が重要です。このことから、手始めとして子ども同士がペアになり、作品について自由に想像を膨らませる時間を設けました。

まず、2人1組になります。パートナーが互いに「そのことわざに

はどういう意味があると思う？」と問うことにより、相手の考えを求めます。そして後、他己紹介のように、「私のパートナーである○○さんは△△と考えています。」などと報告し、各自の意見をクラス全員で共有しました。

このように、生徒は毎日『ふたりの星』を読み、ことわざを一つ選びました。そして、そのことわざに含まれる道徳的な意味について話し合うペアワークを行ってから本題に入るようにしました。

(3) ギリシア文明とことわざから道徳を学ぶ

春学期のことわざ授業が始まった最初の1ヵ月間は、古代ギリシア文明について。この時間帯では、2500年前のギリシアの暮らしはどのようなものであったのかということを、〈ことわざ体験〉によって学びました。

古代ギリシア人は高潔な人格を有していたことから、道徳の時間ではことわざを介してギリシア人の心の姿勢を学ぶことにしました。たとえば、ある日の授業ではギリシアを起源とすることわざ、「人は万物の尺度である」（Man is the measure of all things.）を詳しく掘り下げて話し合いました。

ここでの子どもたちは、古代ギリシア人が自らの生活に甘んじることなく、物事を批判的に観察し、高い目標を定めて追求していたことを学びました。こうして、古代ギリシア人の特性とされる高潔性、完璧さや卓越性への憧れ、名誉の探求、勇敢さなどを、ことわざのなかに見い出せたのは大きな収穫だったと思っています。

このようなかたちでことわざを学ぶことによって、私たちの民主的な生活スタイルの源が古代ギリシア時代にあったことを発見しながら、理解を深めていきました。そしてさらに、子どもたちの視野はギリシア神話をはじめ、ギリシア人の知的生活、芸術、オリンピック、生活習慣、道徳に至る多方面に開かれていったという訳です。

(4) これらのことわざから得られたこと

　今日、自立して生きていくためには、その土台となる前向きで建設的な思考力と行動力が必要です。ことわざを教材にした授業には、こうした基礎を培うことを目的として、考えるだけでなくアイディアを形にしたり、イベントに参加する時間などを組み込みました。

　道徳の課程では、人としての正しい道を示していることわざを学びました。その結果、子どもたちはことわざには時代を超えた人間性への洞察が反映されている、ということに気づいたようです。そして、学習体験によって得たことわざを、自分の生活態度と価値判断に活かすことができるまでになったのでした。

4　国連をことわざで学ぶ

(1) 教材に採用したことわざ

　国連について学ぶ授業で採り上げたことわざは、次の6句でした。

① 　ペンは剣よりも強し＝文は武に勝る
　The pen is mightier than the sword.
② 　人にはそれぞれのやり方がある＝十人十色
　Different strokes for different folks.
③ 　隣人を己自身のごとく愛せ
　Love thy neighbor as thyself.
　（訳注：thyself の thy は古英語で、「己の」「己自身の」の意。）
④ 　団結すれば立ち、分裂すれば倒れる
　＝一筋の矢は折るべし、十筋の矢は折り難し
　United we stand, devided we fall.
⑤ 　世界の半分は他の半分の暮らしぶりを知らない＝知らぬが仏
　One half of the world does not know how the other half

lives.
⑥ 分かれ争う家は倒れる＝柳の枝に雪折れなし
A house divided against itself cannot stand.

(2) ことわざを国連ポスターとして描く

　教材に採用したことわざは、自分の行動や判断に責任をもてる大人になるにはどうすればよいかを説き、人類が培ってきた知恵などの普遍的な価値観を伝えています。

　子どもたちは授業を通して、社会正義の大切さを学びました。それはたとえば、「善悪を判断するときの板挟み的な悩みにどう対処すればよいか。」（訳注：倫理的ジレンマ。p.19参照）、「一般市民は実際にどのような行動をとることができるのか。」という問いかけに、どう考えどう答えたらよいのか、といった取り組みです。

　このように、国連の取り扱うテーマがいかに大切かということを知っていく過程で道標としたのが、社会性の大切さを説く先のことわざです。

　ポスター作りは、まずことわざを一つ選ぶことから始まりました。次いで取り組んだのが、そのことわざが意味する内容を載せている雑誌を探し、見つけ出した絵や写真を使った大きなポスター作りです。こうして出来上がったポスターは、国連をテーマとした授業が行なわれる期間中、教室に張り出しておきました。

(3) 一人ひとりが国連加盟国の代表者に

　国連について学んだ期間は1ヵ月です。まず初めに、国連は世界平和を目指して多くの国々が、自発的に始めた組織であることを皆で共有しました。次いで、国連の目的には以下の4点があることを伝えました。

① 世界平和の維持。
② 各国間の友好関係の構築。
③ 世界の貧困、病気、文盲の撲滅、および権利と自由の尊重。
④ 上記のような重要な目的を達成するために、加盟諸国の意見を集約する役割を果たす。

これらの目的を踏まえた上で、以下のプログラムを組んで授業を進めることにしました。

① 生徒は各自で国連加盟国を一つ選び、総会の代表者になる。
② それぞれに担当する国の位置を世界地図で確認し、ことわざノートにその国の情報を記入する。
③ 担当国の代表的工芸品を含むカルチャーキットや小さなことわざ集を作り、模擬総会で行なう3分間スピーチを準備する。
④ 1999年10月22日に保護者と地域住人を招待し、各国の民族衣装を身につけて国連発足記念日（国連デー）を祝うための発表会を開催する。

5　理科・算数をことわざで学ぶ

　バーモント州では州が定めた学習の機会均等に関する枠組みに加え、全米数学教師評議会が制定した全国理科教育基準に即して授業が行われています。

　ホルムズ先生はこうした基準を踏まえ、問いかけをベースとした教育を進めてきました。そして今回、右に示した事例のように、ことわざをどのようにして理科や算数の授業に導入すればよいのか、というプランを練り上げました。

（1）教材に採用したことわざ

　理科・算数の授業で採り上げたことわざは、次の6句です。

① 時を得た一針は九針の労を省く＝今日の一針、明日の十針
　A stitch in time saves nine.
② 一人の知恵より二人の知恵＝三人寄れば文殊の知恵
　Two heads are better than one.
③ 転がる石に苔むさず　A rolling stone gathers no moss.
④ 1パイントは世界中で1ポンド＝大同小異
　A pint is a pound the world around.[10]
⑤ 少しの間違いも1マイルの間違いも同じ＝五十歩百歩
　A miss is as good as mile.
⑥ 練習が完璧をつくる＝習うより慣れろ
　Practice makes perfect.

（2）問いかけに答える

　子どもたちに興味をもってもらうための工夫として、算数、理科では、各教科の考え方やスキルが身に付くように考えた質問を投げかけ、子どもたちがそれに答えるように工夫しました。語学科目や社会も同様で、問いの設定が授業展開の鍵を握っている、と言えるでしょう。

　これらの授業からは、生活に関わる大切な考え方を導くことができました。子どもたちは問いへの答えを探求するなかで、①専門家の考え方や技法などへの姿勢、②自分の考え方や具体的な技法への認識といった学びが際立ってきたのは、経験の賜だと思います。

10：1パイントの実質は英国と米国では異なるが、米国では1パイントも1ポンドも水の重さに換算するとほぼ同じだ、と捉えられている。脚韻を踏んだ度量衡（長さと容積と重さ）の「覚え歌」でもある。

(3) 専門知識を総合的に得る

　私、ミーダーは、ことわざについて専門的な話をしつつ、ディスカッションの進行役も果たしてきました。ことわざと算数・理科を関連付けるなかで出てくる質問に答えるなど、数理科目の専門的な知識を直接教えたこともあります。

　子どもたちはことわざを取り入れながら理科や算数を学ぶなかで、人として守り行なうべき考え方・道徳的価値観を身につけ、豊かな人間性を育んできました。

　このような、教科を横断するカリキュラムのなかでことわざを学べば、生徒一人ひとりが〈生きるための知恵〉の基本を理解し、専門的知識を総合的に習得することが可能になります。

(4) 判断力を養う

　この実験的授業に参加している子どもたちには、こうした善悪の判断に役立つことわざのメッセージを自分の生活に応用し、今後もそれを糧として成長していくことが期待できます。

　日常においてよく使われる150のことわざを学ぶ授業では、思考力を高めることに大きな価値をおいています。換言すれば、ことわざが〈生きるための知恵〉であること、そしてそれは人生で起こる複雑なものごとに対し、人道的かつ信頼できる方法で対処するのに役に立つ短句である、と気付き実行してもらうことなのです。

6　ことわざクッションのプレゼント

(1) アイディアを形にする

　最後に迎えた美術プロジェクトでは、保護者でボランティアのアン・ノエルさんにも計画と準備をお願いしました。彼女は、生徒の真心を形にしたいという願望を叶える手助けをしてくれたのです。

第3章 春学期

ことわざクッションの作成風景

　子どもたち20名は、ことわざを熱心に教えてくれたミーダー教授への感謝の気持ちを表すために、クラス全員の企画としてことわざクッションを作るという、ユニークなアイディアを思いつきました。そして一人が一つのことわざを選び、そのメッセージを色とりどりの糸で刺繍(ししゅう)するというプランを立ち上げたのです。

　まず、自分の好きなことわざを選んでイラストを描き、それをもとにしてモスリン布に刺繍して布絵を作りました。刺繍された10cm×9cmの布絵は、ノエルさんが赤い布に縫い付けてくれました。さらに、その裏側にはきれいな布を縫い合わせ、中に綿を詰めてことわざクッションは見事に完成しました。

この色鮮やかアート作品は、ドイツ語を教えてくれたバーバラ先生や保護者が見守る人形劇の上演日に、ミーダー教授に贈られました。
　なお以下の3句は、刺繡でデザインするにはうってつけだとして、複数の子どもが候補に挙げるほどの人気を博しました。そこで話し合った結果、全員が一つずつ違うことわざを選ぶことになりました。
・りんごは木から遠くには落ちない＝蛙の子は蛙
　The apple never falls far from the tree.
・大きな魚が小さな魚を食う＝弱肉強食
　Big fish eat little fish.
・垣根の向こうの芝生はいつも青い＝隣の柿は赤い
　The grass is always greener on the other side of the fence.

　ところで、「知識は力なり＝智は万代の宝」(Knowledge is power.)、「行動は言葉よりも大きく響く＝不言実行」(Actions speak louder than words.) といった、抽象的なことわざを刺繡するのは難しいと思いませんか。
　このような心配をよそに、才気にあふれた子どもたちは、これらの抽象的なことわざにも、鮮やかな想像力をもって挑戦したのです。なかには、ドイツ語のことわざ、「朝の時間は口の中に金を持つ＝早起きは三文の得」(The morning hour has gold in its mouth.) を選んだ子どもがいて驚かされました。(p.63参照)
　子どもたちにとって、ミーダー教授には秘密にしている作戦が楽しくて仕方なかったようです。子どもたちは渾身(こんしん)を傾けたクッションに添えて、イラストで描いたことわざ絵と作者のリストもプレゼントしました。このクッションは、思いっ切りことわざ学習を楽しんだ子どもたちによる、何ものにも代えがたい芸術作品になりました。
　学年の最後にクッションをプレゼントされたミーダー教授が、深く感動したことは言うまでもありません。このことわざクッションは、

ことわざクッションを前にして

国際的なことわざ研究の記録文書が保管されているミーダー教授の広い書斎に、『オランダのことわざ』(ピーター・ブリューゲルの名作、1559)とともに飾られています。

(2) クッションに刺繍されたことわざ

クッションに刺繍されたことわざは、以下のとおりです。

アレックス・H：家庭は愛情あるところ＝内程よい所はない
　　　　　　Home is where the heart is.
　　　　　（訳注：内とは自分の家、家庭のこと。）

ウィル：馬車を星につなげ＝少年よ大志を抱け
　　　　Hitch your wagon to a star.
　　　　（訳注：大きな理想（星）をもて、という比喩。）

カール：知識は力なり＝智は万代の宝
　　　　Knowledge is power.

ゲイジ：名声は富に勝る＝得失は一朝、栄辱は千歳
　　　　A good name is better than riches.

カリ：りんごは木から遠くには落ちない＝蛙の子は蛙
　　　The apple never falls far from the tree.

ことわざクッション贈呈式

ブラッド：大きな魚が小さな魚を食う＝弱肉強食
  Big fish eat little fish.
マギー：寝ている犬は起こすな＝触らぬ神に祟りなし
  Let a sleeping dog lie.
コーディ・B：行動は言葉より雄弁である＝不言実行
  Actions speak louder than words.
アレックス・J：橋に着くまでは渡るな＝暮れぬ先の提灯
Don't cross the bridge before you get there. （p.210参照）
オードリー：4月のにわか雨は5月の花を運んでくる
  April showers bring May flowers.
エマ：どんな雲にも銀の裏地が付いている＝苦は楽の種
  Every cloud has a silver lining. （p.36参照）
ブライアン：跳ぶ前に見よ＝転ばぬ先の杖
  Look before you leap.
アシュレー：時は飛び去る＝光陰矢の如し
  Time flies.
ジャレド：早起きの鳥は虫を捕る＝早起きは三文の得
  The early bird gets the worm.

ミーガン：どの犬にもよい時がある＝鬼も十八番茶も出花
　　　　Every dog has its day.
（訳注：誰にでも得意なとき、幸運なときがある、という意味）
エミリ：ペンは剣より強し＝文は武に勝る
　　　　The pen is mightier than the sword.
サミー：朝の時間は口の中に金を持つ＝早起きは三文の得
The morning hour has gold in its mouth.（p.63参照）
ケリー：垣根の向こうの芝生はいつも青い＝隣の柿は赤い
The grass is always greener on the other side of the fence.
コーディ・D：上がるものは必ず下がる＝満つれば欠く
　　　　What goes up must come down.
ヘザー：貰(もら)うより与える方がよい
　　　　It is better to given than receive.

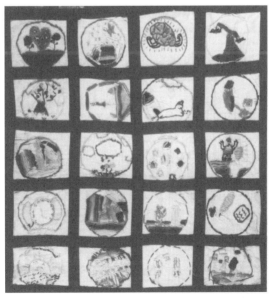

ことわざクッションの布絵

Children and Proverbs
Speak the Truth

第**4**章

ことわざの知識に関するテスト

既に述べたように、1999年9月14日、予告なしに最初の穴埋め式のことわざテストを行いました。出題したのは、以前の授業では採り上げたことのない38句で、空白になっている句の後半部分を生徒に記入させてことわざを完成する方式で行いました。

　これに次いで、授業で学んだことを記憶しているかどうかを確かめるために、2000年2月17日にも同じ内容のテストを実施しました。

　このようなことわざの穴埋め問題は人気が高く、心理学者、子どもに向けたテレビ番組のプロデューサー、そして教師たちの間でも注目されています。

　このテストを行った理由は、4年生には学んだことわざを再現できるほどに記憶する能力がある、という事実を示すことを期待してのことでした。

　それでは、以下に2回にわたって行われたテストの内容と結果について、短くまとめて記載します。

1　1回目のテスト

（1）正答者が多かったことわざ

　結果から見て、ことわざ学習を始めた時点において、生徒はことわざの意味は知らなくても、文句をまったく知らなかったわけではありません。実際に正答者数が多かったことわざは以下の7句です。これら以外のことわざを正しく埋めることができた子どもの数は、極端に少なくなっていました。（訳注：各句の末尾は正答者数。母数は20人。）

・大きな魚が小さな魚を食う＝弱肉強食
　Big fish eat small fish.　　18人
・一つの頭より二つの頭＝三人寄れば文殊の知恵
　Two heads are better than one.　　12人

- 行動は言葉より雄弁である＝不言実行

  Actions speak louder than words.　11人
- 早起きの鳥は虫を捕る＝早起きは三文の得

  The early bird catches the worm.　11人
- ヒナがかえらぬうちにヒヨコの数を数えるな＝捕らぬ狸の皮算用

  Don't count your chickens before they are hatched.　10人
- 跳ぶ前に見よ＝転ばぬ先の杖

  Look before you leap.　10人
- 一度でうまくいかなければ何度でもやれ＝失敗は成功の基

  If at first you don't succeed, try, try again.　8人

　もちろん、穴埋めテストのように、ことわざの後半部分を補充する能力と、日常のコミュニケーションとして活用できる能力は別問題です。

　それにしても、ことわざの穴埋め問題が解けるといった、受動的な知識をもっていただけの4年生が、後の比較からも分かるように、学習することによって能動的に正しく活用できるようになった成長振りには、目を見張るものがあります。

(2) 正答者がゼロだったことわざ

　最初のテストにおいて、ことわざの穴埋め問題の正解者が一人もいなかったことわざは、38句中の14句にのぼりました。

- りんごは木から遠くには落ちない＝蛙の子は蛙

  The apple never falls far from the tree.
- ケーキを食べたらそのケーキはなくなる＝二足の草鞋は履けぬ

  You cannot have your cake and eat it too.
- 料理人が多すぎるとスープはまずくなる＝船頭多くして船山へ上る

Too many cooks spoil the broth.
- 己が欲するところを人に施せ
  ＝己の欲せざる所は人に施す勿れ（論語）

Do unto others as you would have them do unto you.
- 過ちを犯すのは人、許すのは神＝智者も千慮に一失あり

To err is human, to forgive is divine.
- よい垣根はよい隣人をつくる＝親しき仲にも礼儀あり

Good fences make good neighbors.
- 馬鹿は天使も恐れて立ち入らないところに踏み込む＝君子危うきに近寄らず　Fools rush in where angels fear to tread.
- 貰った馬の口の中を見るな＝貰う物は夏でも小袖

Never look a gift horse in the mouth.（p.88参照）
- 正直は最善の策＝正直の頭に神宿る

Honesty is the best policy.
- 己自身を知れ＝実るほど頭の下がる稲穂かな

Know thyself.（訳注：thyselfについてはp.66参照）
- 少しの間違いも1マイルの間違いも同じ＝五十歩百歩

A miss is as good as a mile.
- やる価値があることは、立派にやる価値がある

If a thing's worth doing, it is worth doing well.
- 団結は力なり＝和を以て貴しとす

Union is strength.
- 団結すれば立ち、分裂すれば倒れる＝一筋の矢は折るべし、十筋の矢は折り難し　United we stand, devided we fall.

　これらのことわざはどちらかというと抽象的で、イメージが鮮明に浮かぶような表現はわずかしか含まれていません。このことは、ことわざ学習を進めるうえで心すべきことです。

2　2回目のテスト

　2回目に実施したテストの結果、9歳〜10歳の子どもたちにも比喩的で抽象的なことわざの学習が可能である、という事実が明らかになりました。このことは教育・研究上の貴重なニュースです。

　分かりやすい例として、古くからよく引用されることわざ「会えなければ恋しさがいっそう増す＝遠ざかるほど思いが募る」（Absence makes the heart grow fonder.）を挙げてみましょう。

　最初のテストでは、この句の空欄を補充できた子どもは一人もいませんでしたが、2回目のテストでは20名全員が正しく補充できていました。

　またこれ以外にも、絵としてイメージしやすい「りんごは木から遠くには落ちない＝蛙の子は蛙」（The apple does not fall far from the tree.）と、「料理人が多すぎるとスープはまずくなる＝船頭多くして船山へ上る」（Too many cooks spoil the broth.）の正解者は、0名から19名へと飛躍的に増えました。

　そして、聖書の「黄金律」である「己が欲するところを人に施せ＝己の欲せざる所は人に施す勿れ」（Do unto others as you would have them do unto you.）も、0名から18名に伸びました。当初は理解できなかったこれらの句は、平等、礼節、人道的行動についての教訓を語っていますが、今や最も人気の高いことわざの一つとなったことは大きな進歩と言えるでしょう。

　このように正答者数が増えたことは、学習が大きく前進していることを物語っています。ただ、「少しの間違いも1マイルの間違いも同じ＝五十歩百歩」（A miss is as good as a mile.）、「やる価値があることは、立派にやる価値がある＝乗りかかった船」（If a thing's worth doing, it is worth doing well.）、「団結は力なり＝和を以て貴しとす」（Union is strength.）などは、理解されにくいことわざ

として残りました。これらのことわざには、十分な学習時間を割くことができず、学んだことを定着させるには至らなかったのかもしれません。

最後に、2度にわたるテストについて触れておきたいことがあります。それは、出題した38のことわざは、日常においてよく使われる150のことわざリストのなかから無作為に抽出した一部にすぎないという点です。

しかも、これまでに紹介してきたことわざ学習とこれに関連した実習活動は、4年生の通常の授業のある部分でしかありません。ことわざ学習は、通常に予定されている学習量をやり繰りするかたちで進めてきたことを考慮すると、子どもたちのことわざ学習の達成度は実に素晴らしいものであったことが、分かってもらえたのではないでしょうか。

子どもたちはことわざを学び、その歴史や意味を理解し、日常会話のなかで使うようになりました。自分自身の〈生きるための知恵〉として、好んで生活のなかに採り入れていったのです。ある児童は、ことわざのお蔭で「広く公平な心で毎日を過ごせるようになったよ」と何度も話してくれたほどです。

この発言からも分かるように、児童からティーンエージャーを経て大人へと成長していく初期とも言える小学4年生が、ことわざ学習が自らの人格形成に役立っていると気づいたことは、何ものにも代え難い経験だったのではないかと思っています。

3　両テストの比較

テストの設問は、ことわざの前半分を記し、空白の後半部分を埋める「穴埋め方式」を採用しています。予想通り、最初のテストではかなりの不正解が見られましたが、学習後の2回目と比較することで、

第4章　ことわざの知識に関するテスト

ことわざの理解がどれだけ進んだかがはっきりと分かります。

なお、不正解であっても興味深い文言は、参考までに載せておきました。（訳注：すべての結果表示を代表する意味で、(1)には説明的に表記した。誤解答例は両テストから抽出されている。）

ことわざを完成させなさい。

(1) Absence makes … [the heart grow fonder].
会えなければ…［恋しさがいっそう増す］
＝日本の常用ことわざ「遠ざかるほど思いが募る」
（0，1，19）→（20，0，0）
　一回目のテスト結果（正解0、不正解1、無記入19）
　二回目のテスト結果（正解20、不正解0、無記入0）
誤解答例：あなたを外へ出す

(2) Actions speak … [louder than words].
行動は、話す…［言葉より声高に］
＝不言実行
（11，4，5）→（19，1，0）
誤解答例：考えについて、真実、言葉、言葉よりも効果的に
（訳注：声高に話す；雄弁である）

(3) The apple never … [falls far from the tree].
りんごは、ない…［木から遠くには落ち］
＝蛙の子は蛙
（0，8，12）→（19，0，1）
誤解答例：終わらない、ぜんぜん熟していない、腐らない、割れない、痛まない、落ちない、色が悪くならない

83

(4) Beauty is … [only skin deep].
美しさは…［皮一重に過ぎない］
＝人は見かけによらぬもの
（1, 10, 9）→(17, 1, 2)
誤解答例：美しい、痛い、すべてではない（3名）、あなたの内側にある、最高だ、お金よりもよい、外側ではなく内側にあるものに価値がある、かわいい

(5) Beggars can't … [be choosers].
乞食に、できない…［選り好みは］
＝背に腹は代えられぬ
（1, 9, 10）→(14, 0, 6)
誤解答例：止まることはできない、何も得ることはできない（2名）、欲しいものを手に入れることはできない（2名）、与えることはできない（2名）、お金を手に入れることはできない、すべてを手に入れることはできない

(6) The early bird … [gets the worm].
早起きの鳥は…［虫を捕る］
＝早起きは三文の得
（11, 4, 5）→(18, 1, 1)
誤解答例：しゃべっている、早起きの虫を食べる、生きている、目を覚ましている

(7) You cannot have your cake … [and eat it too].
ケーキはなくなる…［ケーキを食べたら］
＝二つよいことなし
（0, 8, 12）→(14, 5, 1)

誤解答例：フロスティングをかけずにいることは（3名）、フロスティングなしには。
　（訳注：以下は have を「食べる」と解釈した誤解答例）
　　　　　誕生日以外のときにケーキを食べることは、今あるものを食べ終わるまでケーキを食べることは、焼くまで食べることは、夕食のときに食べることは

(8)　When the cat's away … [the mice will play].
　猫のいぬ間に…［ネズミが騒ぐ］
　＝鬼のいぬ間に洗濯
　（4, 8, 8）→(19, 0, 1)
　誤解答例：探す、犬がいる、探しにいく、私は悲しい、ネズミのところへいく、ネコは外にいる、喧嘩をする、私たちはマグロを食べる

(9)　Don't count your chickens … [before they are hatched].
　ヒヨコの数を数えるな…［ヒナがかえらぬうちに］
　＝捕らぬ狸の皮算用
　(10, 5, 5)→(20, 0, 0)
　誤解答例：なぜなら数字を間違えるからです、二度、卵を生む前に（2名）、なぜなら数が多すぎるからです

(10)　Every cloud has … [a silver lining].
　どんな雲にも、が付いている…［銀の裏地］（p.36参照）
　＝苦は楽の種
　(2, 13, 5)→(19, 0, 1)
　誤解答例：青い空、ふわふわ膨らんだ部分、場所、白い、形（5名）、天使、終わり、雨を降らせる、雨

(11) Too many cooks … [spoil the broth].
料理人が多すぎると…［スープがまずくなる］
＝船頭多くして船山に上る
（0，7，13）→(19，0，1)
誤解答例：ごちゃ混ぜになる、食べ物が多くなり過ぎる（2名）、ケーキをたくさん作り過ぎる、学校にいる、あなたの体調を悪くする

(12) Do unto others … [as you would have them do unto you].
人に施せ…［己が欲するところを］
＝己の欲せざる所は人に施す勿れ
（0，0，20)→(18，2，0)

(13) A barking dog … [never bites].
吠える犬は…［嚙まない］
＝鳴く猫は鼠(ねずみ)を捕らず
（1，6，13)→(20，0，0)
誤解答例：なぜなら仲間が欲しいからです、ニャオーと鳴いているネコに対してです、うるさい、頭のおかしい犬です、とても騒がしい、クッキーを食べる

(14) To err is human, to … [forgive is divine].
過ちを犯すのは人、…［許すのは神］
＝智者も千慮(せんりょ)に一失あり
（0，1，19)→(11，3，6)
誤解答例：完璧にせよはよくない

(15) Experience is … [the best teacher].

経験は、である…［最良の先生］
＝習うより慣れよ
（1，5，14）→(11，1，8)
誤解答例：今までにしたことがないこと、役に立つこと、あなたはもっと知ること、最高、間違い

(16)　Good fences ... [make good neighbors].
よい垣根は…［よい隣人をつくる］
＝親しき仲にも礼儀あり
（0，6，14）→(12，1，7)
誤解答例：ペンキが塗ってあるフェンスだ、とてもよい、しっかりしている、木でできている、よいということだ、長持ちする

(17)　Big fish ... [eat little fish].
大きな魚が…［小さな魚を食う］
＝弱肉強食
(18，2，0)→(20，0，0)
誤解答例：小さな魚（2名）

(18)　Fools rush in ... [where angels fear to tread].
馬鹿は、に踏み込む…［天使も恐れて立ち入らないところ］
＝君子危うきに近寄らず
（0，2，18）→(10，2，8)
誤解答例：賢い人は急いで出て行く、問題だ

(19)　A friend in need ... [is a friend indeed].
まさかの時の友こそ…［真の友］

＝刎頸(ふんけい)の交わり

（1, 6, 13）→(19, 1, 0)

誤解答例：親友（2名）、とてもよい、友達（2名）、あなたは彼らを助けるべきだ、友達を必要としている

⒇　Never look a gift ... [horse in the mouth].[11]
　　貰(もら)った、を見るな…［馬の口の中］
　　＝貰う物は夏でも小袖
　　（0, 3, 17）→(16, 0, 4)
　　誤解答例：その紙で、開けずに、あなたの両親がよいと言わない限り

(21)　It's better to ... [give than receive].
　　方がよい…［貰(もら)うより与える］
　　（4, 1, 15）→(16, 0, 4)
　　誤解答例：挑戦しないよりは挑戦する

(22)　All that glitter is ... [not gold].
　　光るものすべてが…［金とは限らず］
　　＝山高きが故(たっと)に貴からず
　　（5, 7, 8 ）→(18, 0, 2)
　　誤解答例：金である（2名）、私のものでありあなたのものでもある（2名）、光る、もまた光る（2名）

(23)　Haste ... [makes waste].

11：馬は歯を見れば年齢が分かるところから、貰い物の品定めやあら探しをしてはいけないということ。

急げば… [無駄がでる]
＝急(せ)いては事をし損じる
（5, 2, 13）→(19, 0, 1)
誤解答例：無駄なことではない、たいへんすぎることだ

⑷　Make hay… [while the sun shines].
　干し草を作れ… [日が照っているうちに]
　＝出船に船頭待たず
　（5, 1, 14）→(16, 0, 4)
　誤解答例：天気がよいうちに

⑸　Two heads… [are better than one].
　二つの頭… [は、一つの頭よりよい]
　＝三人寄れば文殊の知恵
　（12, 2, 6）→(20, 0, 0)
　誤解答例：ごっつんこすると痛い、よいという意味です

⑹　Hear no evil,… [see no evil, speak no evil].
　悪いことは聞かず… [見ず、言わず]
　＝触らぬ神に祟(たた)りなし
　（3, 2, 15）=(15, 0, 5)
　誤解答例：すべてよいものを見る、でもよいことを見逃すな

⑺　Home is… [where the heart is].
　家庭は… [愛情があるところ]
　（6, 6, 8）→(18, 0, 2)
　誤解答例：最高だ（2名）、素晴らしい居場所である、よい、あな
　　　　　　たの生活があるところ、かっこいい

⑱ Honesty is … [the best policy].
正直は…［最善の策］
＝正直の頭に神宿る
（0 , 3 , 17）→(11, 2, 7)
誤解答例：真実である、すべてである、嘘をつくよりよい

⑲ Know … [thyself].
知れ…［己自身を］
＝実るほど頭の下がる稲穂かな
（0 , 1 , 19）→(12, 0, 8)
誤解答例：完璧な人はいない（訳注：know を no と勘違いした回
　　　　　答。thyself については p.66参照。)

⑳ Look before … [you leap].
前に見よ…［跳ぶ］
＝転ばぬ先の杖
(10, 4 , 6)→(14, 1, 5)
誤解答例：道を渡る、話す（3名）

㉑ A miss is … [as good as a mile].
少しの間違いも…［一マイルの間違いも同じ］
＝五十歩百歩
（0 , 2 , 18)→(8, 1, 11)
誤解答例：誰かがいなくて寂しいと思う時（訳注：I miss you の
　　　　　miss と勘違い。)、女の子（訳注：未婚女性に用いる Miss
　　　　　と勘違い。)

㉒ No news … [is good news].

便よりのない…［のは、よい便より］
＝──
（3, 4, 13）→（15, 1, 4）
誤解答例：とても悪い、悪い便り（2名）、悪い便りよりまし

⑶ Different strokes … [for different folks].
それぞれのやり方がある…［それぞれ人には］
＝十人十色
（1, 1, 18）→（18, 0, 2）
誤解答例：それぞれのこと

⑷ If at first you don't … [succeed, try, try again].
一度で、なければ…［うまくいく、何度でもやれ］
＝失敗は成功の基
（8, 2, 10）→（14, 0, 6）
誤解答例：その次はうまくいく、助けはいらない

⑸ If a thing's worth … [doing, it is worth doing well].
価値があることは…［立派にやる価値がある］
＝乗りかかった船
（0, 1, 19）→（8, 1, 11）
誤解答例：やろう

⑹ Union is … [strength].
団結は、である…［力］
＝和を以て貴しとす
（0, 4, 16）→（2, 0, 18）
誤解答例：パワー、チームワーク、他者を助けること、人々の集団

⑶⑺ United we ... [stand, divided we fall].
団結すれば…［立ち、分裂すれば倒れる］
＝一筋の矢は折るべし、十筋の矢は折り難し
（0，6，14）→(18，0，2）
誤解答例：立つ（4名）、私たちは皆話す（2名）

⑶⑻ All's well ... [that ends well].
すべてよし…［終わりよければ］
＝細工は流々仕上げを御覧じろ
（5，1，14）→(10，1，9）
誤解答例：最高である

Children and Proverbs
Speak the Truth

第5章

1年間のことわざ学習を終えて

1　学習活動の評価

（1）評価の全体像

　私たちが授業を進めるうえで心に留めていたことは、生徒が社会に適合した考え方ができるよう、その基本となる判断力と具体的な場面に応用する術を身につけることでした。それはまた、自分や他者、周りの状況を認識する力を養うことでもあります。

　子どもによってことわざ学習のスピードはまちまちでしたが、それぞれの能力に応じて、人として正しく生きることへの理解を深めていったことに充実感を覚えています。

　この1年の授業評価対象としたのは、読書ノート、ことわざノート、調べ学習、意見交換、その他の言動などです。年間計画の開始時の9月と秋学期が終業となる2月に、ことわざの穴埋めテストを行いました。そして、4年生の終業前には、先生がことわざの一部を読み上げ、生徒がその全文を完成させるという口答によるテストも実施しました。

　これまでに進めてきたことわざ学習が、子どもの発育発達の手助けとなるか否かを判断するには、長期的な追跡調査による研究を要します。しかし、1年の間に子どもたちと共に学んで分かったのは、一見すると古風ともいえることわざであっても、それらを日常の学習過程に採り入れることは極めて大きな意味をもっている、ということでした。

　ことわざ学習は、子どもたちの考えや信じていることを表面化させながら、その真偽を探るきっかけとなり、成長していくうえでの指針になったと思います。それは、ことわざ自体の教えの理解はもちろん、学習過程における他者との意見交換や共同作業などによって、人としての価値観を体系化できるようになる、ということを意味しています。換言すれば、ことわざとことわざ学習を介し、子どもたちは責任感のある社会の一員として、たくましく生き抜くためのツールと知識を身

につけてきた、となるでしょう。

　言うまでもなく、ことわざ学習の評価は、バーモント州の「学習の機会と標準の枠組み」に沿いつつ、プロジェクトの目標に基づいて実施しました。そのポイントは、子どもたちが自分の行いを見つめ直して改善するために、ことわざの意味をどれほど理解し行動に移したか、ということにあります。

　そこにはことわざの知識を生活のなかで実践すること、つまりことわざの生活化も評価対象の大きな位置を占めています。その理由は、教室外で問題を解決しなければならない状況において、何を行いどう振る舞うかを判断するスキルも、ことわざ学習の大切な要素になっているからです。

　このような意味もあって、ことわざの理解と実行に取り組むために、種々のノートを1年間にわたって記入してもらったわけです。

　また、ことわざを視覚的に説明したポスター、絵、アニメ、漫画なども評価の対象にしました。さらに、ことわざをどのように解釈したかということについては、レポートなどの作文というかたちで評価しました。

　当然ながら、暗記に関してもIEP[12]の規定に抵触しない範囲で奨励しました。そして、子どもたちがことわざについてどのように考えているのかを知るために、ことわざを活用して自分自身を表現する機会を設けました。

　これらの方略により、新しく学んだことわざの知恵が、日常生活という環境のなかで子どもにどのようなかたちで溶け込んでいるか、という内面を観察することができたことは大きな収穫でした。

12：「個別教育プログラム」（Individualized Education Program）。学習障害がある子どものための支援プログラムのこと。

(2) 具体的な評価対象

本プロジェクトにおいて評価の対象としたものは以下の通りです。

- 記録ノート類、短いレポート
- アート作品
- 授業成果の発表会
  （対象：自分のクラス、他のクラス、保護者、地域住民）
- 授業風景のビデオ
- レポート作成のための調査・研究資料
- ゲーム
  （穴埋めクイズゲーム、ことわざ創り、ジェスチャーゲームなど）
- 年度始め、学期末、年度末に実施したテスト（口頭試問を含む）

(3) 具体的な評価項目と基準

ここに示したものは、ことわざを加味したすべての授業の評価項目とその基準です。

評価項目

① ことわざの意味について、ディスカッションができる。
② そのディスカッションに、積極的に参加できる。
③ ことわざに対する自分の理解を、うまく伝えることができる。
④ ことわざを暗唱することができる。

評価基準

① 優：上記のすべてを満たすレベル。
② 可：上記のうち1項目が欠如、または不十分なレベル。
③ 不可：上記のうち2項目以上が欠如、または不十分なレベル。

これらをベースにした成績の善し悪しに関わらず、私たち教師が願うのは、すべての子どもが１年間にわたって学んだ〈生きるための知恵〉であることわざを理解し、自分のために使う力を身につけてくれることです。この願いはいつの日も変わることはありません。

２　子どもたちへのアンケート
　　　〜回答とコメント〜

　１年にわたる授業が終わるころ、子どもたちにアンケートを行いました。回答法には択一式もありますが、大半は記述式になっています。なかには回答理由を問うものも存在します。
　スペルや記述内容は、子どもが記入したままを再現しています。また、回答番号はすべての項目に共通しており、①と番号が振られた回答はすべて①の生徒のものであり、②はすべて２人目の子どもの回答を意味し、以下も同様です。
　ここに見る各々の回答からは、ことわざをきちんと学んだことが伺えます。ことわざの意義や意味を理解し、教師の取り組みに対してもしっかりとした考えをもっていることが伝わってきます。
　それでは以下に、アンケートを配布した日に出席していた17名分の回答を記し、ミーダーからの全般的なコメントを書き添えておきます。

（１）どのことわざが好きですか。

①行動は言葉より雄弁である＝不言実行
　Actions speak louder than words.

②時は飛び去る＝光陰矢の如し
　Time flies.

③湯水といっしょに赤ん坊を捨てるな＝角を矯めて牛を殺す
Don't throw the baby out with the bath water.

④・好奇心は猫を殺す＝過ぎたるは猶及ばざるが如し
　　Curiosity killed the cat.
　・老犬に新しい芸は仕込めない＝年寄れば愚に返る
　　You can't teach an old dog new tricks.
　・料理人が多すぎるとスープはまずくなる＝船頭多くして船山へ登る　Too many cooks spoil the broth.
　・芸術は長く、人生は短し＝少年老い易く学成り難し
　　Art is long, life is short.

⑤輝くものすべてが金とは限らず＝山高きが故に貴からず
All that glitters is not gold.

⑥己が欲するところを人に施せ
　＝己の欲せざる所は人に施す勿れ（論語）
Do unto others as you would have them do unto you.

⑦鉄は熱いうちに打て＝船出に船頭待たず
Strike while the iron is hot.
（訳注：日本で言う「鉄は熱いうちに打て」は翻訳）

⑧己が欲するところを人に施せ＝己の欲せざる所は人に施す勿れ
Do unto others as you would have them do unto you.

⑨どんな雲にも銀の裏地が付いている＝苦は楽の種
Every cloud has a silver lining.（p.36参照）

⑩誤りを二つ重ねても正しくはならない＝恥の上塗り
Two wrongs don't make a right.

⑪馬を水際へ連れて行くことはできても、水を飲ませることはできない
You can lead a horse to water but you can't make it drink.

⑫時は飛び去る＝光陰矢の如し
Time flies.

⑬どんな雲にも銀の裏地がついている＝苦は楽の種
Every cloud has a silver lining.

⑭己が欲するところを人に施せ＝己の欲せざる所は人に施す勿れ
Do unto others as you would have them do unto you.

⑮馬車を星につなげ＝少年よ大志を抱け
Hitch your wagon to a star.
（p.73参照）

⑯垣根の向こうの芝生はいつも青い＝隣の柿は赤い
The Grass is always greener on the other side of the fence.
（p.217参照）

⑰己が欲するところを人に施せ＝己の欲せざる所は人に施す勿れ
Do unto others as you would have them do unto you.

コメント

　人気を集めたことわざは、新約聖書の「黄金律」と呼ばれる「己が欲するところを人に施せ＝己の欲せざる所は人に施す勿れ」（Do unto others as you would have them do unto you.）でした。（p.11参照）

　子どもたちは、このことわざが他人には思慮深く親切に行動すべきことを教えてくれている、と感じ取ったようです。このことは後に記す回答からも明らかになります。

（2）授業で学んだことわざが、何かを判断する際に役立ったときのことを教えてください。

① 　ケンカしたとき、言い合うよりも分かってもらいやすいです。

② 　妹と道を横断する時に立ち止まって、「跳ぶ前に見よ＝転ばぬ先の杖」（Look before you leap.）と言いました。

③ 　「本を表紙で判断するな＝人は見かけによらぬもの」（Don't judge the book by its cover.）のお蔭で、よい本が読めました。表紙は見栄えの悪い緑色で、退屈そうな題名が書いてあったけれど、『迷子のクマ』は素晴らしい本でした。

④ 　とくに役立ったとは思わないけれど、色々勉強になりました。

⑤ 　「パン半分でもないよりはまし＝枯木も山の賑わい」（Half a loaf is better than no bread.）のお蔭で、何も食べないよりはお皿に乗っているものを食べてみよう、という気になりました。

⑥ 　校庭で友達が押し合いのケンカになったとき、「己が欲するところを人に施せ＝己の欲せざる所は人に施す勿れ」（Do unto others as you would have them do unto you.）と言いました。

⑦　提出日の前に宿題をします。

⑧「誤りを二つ重ねても正しくはならぬ＝恥の上塗り」（Two wrongs don't make a right.）。弟が殴ってきたときに殴り返そうと思ったけれど、その代わりにお母さんに言いました。

⑨　買い物にいったとき、とても可愛いクマの置物を見つけたけれど、値段が10ドルもしました。「馬鹿とお金はすぐに別れる」（A fool and his money are soon parted.）を思い出して、お金の無駄遣いはやめることにしました。（p.32参照）

⑩　校庭で外遊びをしているときに押し合いになり、アシュレーと僕は口論になりました。言うつもりはなかったのに、ついきついことを言って喧嘩別れになってしまいました。その後になって喧嘩のことを思い出したとき、「己が欲するところを人に施せ＝己の欲せざる所は人に施す勿れ」（Do unto others as you would have them do unto you.）が浮んできました。今は喧嘩をしても途中でストップすることにしています。

⑪　ある人から受けたことに対し、私は仕返しをしませんでした。

⑫　「己が欲するところを人に施せ＝己の欲せざる所は人に施す勿れ」（Do unto others as you would have them do unto you.）です。

⑬　買い物をしているとき、「馬鹿とお金はすぐに別れる」（A fool and his money are soon parted.）ということわざを思い出しま

した。お小遣いをもらっても貯金し、人生のためになるものや、「光るものすべてが金とは限らず＝山高き故に貴からず」(All that glitters is not gold.) を考えてお金を使うべきだと学びました。

⑭ 「跳ぶ前に見よ＝転ばぬ先の杖」(Look before you leap.) は、ひざを擦りむいたときに役立ちました。

⑮ 問題になりそうなことをしようとしていたけれど、「跳ぶ前に見よ＝転ばぬ先の杖」(Look before you leap.) のお蔭で正しい判断ができました。

⑯ 宿題は提出日ぎりぎりまでしないけれど、「今日できることを明日まで延ばすな＝明日ありと思う心の仇桜」(Don't put off to tomorrow what you can do today.) を思い出しました。

⑰ 家族が喧嘩をするときです。「家庭は愛情あるところ」(Home is where the heart is.)、「行動は言葉より雄弁である＝不言実行」(Actions speak louder than words.) を思い出します。

コメント
　いかがでしょうか。学習したことわざのお蔭で、子どもたちは適切な判断ができるようになっていることが、これらの回答からも分かってもらえたものと思います。子どもたちがことわざの道徳的・教訓的な意味を理解したからこそ、ことわざの「黄金律」である「己が欲するところを人に施せ＝己の欲せざる所は人に施す勿れ」(Do unto others as you would have them do unto you.) を、多くの生徒が挙げたのではないでしょうか。
　その他にも、「跳ぶ前に見よ＝転ばぬ先の杖」(Look before you

leap.)、「本を表紙で判断するな＝人は見かけによらぬもの」(Don't judge a book by its cover.)、「馬鹿とお金はすぐに別れる」(A fool and his money are soon parted.)、「今日できることを明日に延ばすな＝明日ありと思う心の仇桜」(Don't put off to tomorrow what you can do today.)、「行動は言葉より雄弁である＝不言実行」(Actions speak louder than words.) を選んでいることから、ことわざを〈生きるための知恵〉として参考にする価値がある、と感じていることが分かります。

（3）日常生活のなかでどれくらいことわざを使いますか。一つだけ○をつけてください。選択肢は、よく使う／たまに使う／ほとんど使わない、の３つです。

集計結果

番号	よく使う	たまに使う	ほとんど使わない
①		○	
②		○	
③		○	
④	○		
⑤	○		
⑥		○	
⑦			○
⑧	○		
⑨		○	
⑩	○		
⑪		○	

番号	よく使う	たまに使う	ほとんど使わない
⑫		○	
⑬		○	
⑭		○	
⑮		○	
⑯	○		
⑰	○		

コメント

　これらの回答からは、ほぼすべての子どもたちが何らかのかたちでことわざを使っている、ということが見て取れます。ことわざが表現している叡智(えいち)を面白いと感じ、教室外で友達や両親と話すときにも、頻度は高くないにしてもかなり意識して使う子どもたちもいるようです。このことは、「うちの子は、会話のなかでことわざを使うのが楽しくてしかたないようなんです。」、と話してくれた保護者が数多くいたことからも明らかです。

　このように、子どもたちが日常会話のなかでもことわざを使っているということは、ことわざの意味だけでなく、その応用力も身についている証拠だと言えるでしょう。

(4) 国連の授業にふさわしいことわざは何ですか。

集計結果

番号	ことわざ	人数
②	行動は言葉より雄弁である＝不言実行 Actions speak louder than words.	1
②	己が欲するところを人に施せ ＝己の欲せざる所は人に施す勿れ Do unto others as you would have them do unto you.	1
⑧	悪いことは聞かず、見ず、言わず＝触らぬ神に祟りなし Hear no evil, see no evil, speak no evil.	1
⑬	本を表紙で判断するな＝人は見かけによらぬもの Don't judge a book by its cover.	1
⑫ ⑮	ペンは剣よりも強し＝文は武に勝る The pen is mightier than sword.	2
他全員	団結すれば立ち、分裂すれば倒れる ＝一筋の矢は折るべし、十筋の矢は折り難し United we stand, divided we fall.	12

（訳注：②の生徒は二つのことわざを挙げている）

コメント

　子どもたちは、国際政治の道義ともいえる、「団結すれば立ち、分裂すれば倒れる」(United we stand, divided we fall.) の意義を、速やかに理解したのだと思います。さらに、紛争は武力行使をしなくても解決できることを示唆する「ペンは剣よりも強し＝文は武に勝る」(The pen is mightier than sword.) も、国連にふさわしいことわざだと考えているようです。

　さらに、「行動は言葉より雄弁である＝不言実行」(Actions speak louder than words.) のように、平和に関する思いやりの言葉だけ

では不十分で、それにともなう行動の大切さも感じ取っている子どもがいることも忘れてはなりません。

　ことわざが伝える〈生きるための知恵〉を子どもたちが理解できたということは、驚くべき結果であり、武力紛争よりも平和的な行動を望んでいることが判明したことも、大きな収穫でした。

(5) 小説『ふたりの星』（ナチス支配下のデンマークにいたユダヤ人救出に関する物語）と、『雷鳴』（アフリカ系アメリカ人に対する偏見と差別に関する物語）の授業には、どのことわざがふさわしいと思いますか。

①雄弁は銀、沈黙は金＝言わぬが花
　Speech is silver, silence is golden.（p.226参照）

②『雷鳴』：見ることは信じること＝百聞は一見に如かず
　Seeing is believing.
　『ふたりの星』：己が欲するところを人に施せ
　＝己の欲せざる所は人に施す勿れ
　Do unto others that they would do unto you.

③『雷鳴』：お金がすべてではない＝金が敵
　Money isn't everything.

④貰った馬の口の中を見るな＝貰う物は夏でも小袖
　Don't look a gift horse in the mouth.（p.88参照）
　本を表紙で判断するな＝人は見かけによらぬもの
　Don't judge a book by its cover.

⑤『ふたりの星』：希望の泉は永遠に湧き出る＝死んで花実が咲くも

のか　Hope springs eternal.
『雷鳴』：悪いことは聞かず、見ず、言わず＝触らぬ神に祟りなし
Hear no evil, see no evil, speak no evil.

⑥⑧⑫⑬⑭⑮⑰
己が欲するところを人に施せ＝己の欲せざる所は人に施す勿れ
Do unto others as you would have them do unto you.

⑦美しさは紙一重に過ぎぬ＝人は見かけによらぬもの
Beauty is only skin deep.

⑨『ふたりの星』：馬車を星につなげ＝少年よ大志を抱け
　Hitch your wagon to a star.（p.73参照）
　『雷鳴』：どんな雲にも銀の裏地がついている＝苦は楽の種
　Every cloud has a silver lining.（p.36参照）

⑩『雷鳴』：己が欲するところを人に施せ
　＝己の欲せざる所は人に施す勿れ
Do unto others as you would have them do unto you.
　『ふたりの星』：名声は富に勝る＝得失は一朝、栄辱は千歳
A good name is better than riches.

⑪誤りを二つ重ねても正しくはならぬ＝恥の上塗り
Two wrongs don't make a right.

⑯終わりよければすべてよし＝細工は流々仕上げを御覧じろ
　All's well that ends well.
　（訳注：日本では「終わりが大事」とも表現していた。また、「始め

よければ終りよし」もある。)

コメント

　授業で一緒に読んだルイス・ローリー著『ふたりの星』と、テイラー著『雷鳴』という二つの短編物語を端的に表すことわざとして、子どもたちが選んだ句はたいへん的確でした。

　『ふたりの星』を読んだ子どもたちは、当時の人々が「黄金律」である「己が欲するところを人に施せ＝己の欲せざる所は人に施す勿れ」(Do unto others as you would have them do unto you.) に従っていれば、ホロコーストは起こらなかったのかもしれない、ということを直感的に理解していました。

　もし、複数句を挙げてもよいとしておれば、どのような句が記されていたでしょう。人種差別を受けていたアフリカ系アメリカ人の生活に関する『雷鳴』の場合には、「本を表紙で判断するな＝人は見かけによらぬもの」(Don't judge a book by its cover.)、「どんな雲にも銀の裏地がついている＝苦は楽の種」(Every cloud has a silver lining.)、「意思あるところに道あり＝念力岩をも通す」(Where there is a will, there is a way.) など、より人道的な暮らしへの希望を表すことわざが増えていたのではないでしょうか。

(6) 岩と鉱物に関する理科の授業には、どのことわざがふさわしいと思いますか。

①得やすいものは失いやすい＝悪銭身につかず
　Easy come easy go.

②⑤⑥⑧⑩⑫⑬⑭⑮⑰
　転がる石に苔むさず
　A rolling stone gathers no moss. (p.21、p.37参照)

③ダイアモンドは女の子の親友

A diamond is a girl's best friend.

④絶えず落ちる水滴は石をすり減らす＝雨垂れ石を穿つ

Constant dropping wears away a stone.

光るものすべてが金とは限らず＝山高きが故に貴からず

All that glitters is not gold.

転がる石に苔むさず

A rolling stone gathers no moss.

⑦徳行の報酬はそれ自体である＝情は人の為ならず

Virtue is its own reward.（p.64参照）

⑨⑪⑯

光るものすべてが金とは限らない＝山高きが故に貴からず

All that glitters is not gold.

コメント

　さまざまな教科の内容に沿って、子どもたちにことわざを教えるのはとても楽しい経験でした。岩や鉱物について学ぶときは「転がる石に苔むさず」（A rolling stone gathers no moss.）、「輝くものすべてが金とは限らず＝山高きが故に貴からず」（All that glitters is not gold.）がぴったりだったようです。印象深くするためにボブ・ディランの名曲 "Like a Rolling Stone" をかけたときの、子どもたちは、とても楽しそうでウキウキしていたことが思い出されます。

　また、あるときには興味深い出来事が耳に入りました。子どもの一人が、「ダイアモンドは女の子の親友」（A diamond is a girl's best friend.）を引用していました。このことに関してクラスの皆で話し

合うなかで、この句はやや女子差別の偏見が入っているので、使うのはやめようということになったそうです。

(7) 校庭で起こった問題を解決するには、どのことわざが役に立つと思いますか。

①吠える犬は噛まず＝鳴く猫は鼠(ねずみ)を捕らず

A barking dog never bites.

②⑥⑦⑬⑭⑮⑯

己が欲するところを人に施せ＝己の欲せざる所は人に施す勿れ

Do unto others as you would have them do unto you.

③⑤⑧⑪

誤りを二つ重ねても正しくはならぬ＝恥の上塗り

Two wrongs don't make a right.

④⑩

馬車を星につなげ＝少年よ大志を抱け

Hitch your wagon to a star. （訳注：p.73参照）

⑨まさかの時の友こそ真の友＝刎頸(ふんけい)の交わり

A friend in need is a friend indeed.

⑫名声は富に勝る＝得失は一朝、栄辱は千歳

A good name is better than riches.

⑰ペンは剣よりも強し＝文は武に勝る

The pen is mightier than the sword.

コメント

　子どもがとるべき行動を選択するうえで、拠りどころとなる規範をことわざから学んだのは間違いありません。校庭で起こった問題に関しても、ことわざの「黄金律」が行動を律すると感じているようです。

　また、「不正を二つ重ねても正しい行いにはならぬ＝恥の上塗り」(Two wrongs don't make a right.) も、不適切な行動を避けるための判断に役立つことから、好んで選ばれたものと思われます。

　同時に、大切な友情に関する「まさかの時の友こそ真の友＝刎頸の交わり」(A friend in need is a friend indeed.) が挙げられていることも忘れてはなりません。

　このことわざについては、意味を理解してもらうためにかなりの説明を要したことを記憶しています。子どもたちは懸命に努力して理解を深め、このことわざを受け入れてくれたのだと思います。

(8) 一生忘れずに憶えておきたいことわざと、それを選んだ理由を教えてください。

①便りのないのはよい便り

　No news is good news.

　心配しなくなるからです。

②時は飛び去る＝光陰矢の如し

　Time flies.

　考えてみれば人生は短いので、精一杯生きなければならないからです。

③己が欲するところを人に施せ＝己の欲せざる所は人に施す勿れ

　Do unto others as you would have them do unto you.

　これは「黄金律」です。今までした親切は、結局あなたに帰ってきます。

④ただのランチなんてない＝ただほど高いものはない
There's no such thing as a free lunch.
もし何かを目指すなら、それなりの努力をしなければならない、と学ぶ必要があるからです。

⑤早寝早起きは人を健康にし、富ませ、賢くする＝早起きは三文の得
Early to bed and early to rise, makes a man healthy, wealthy and wise.
これに従って行動すれば、大人に成長できるからです。

⑥己が欲するところを人に施せ＝己の欲せざる所は人に施す勿れ
Do unto others as you would have them do unto you.
これは大切なことわざです。

⑦後悔するより用心した方がよい＝石橋を叩いて渡る
Better safe than sorry.
私は安全でいたいです。

⑧転がる石に苔むさず
A rolling stone gathers no moss.
これは日常生活について教えてくれている、興味深いことわざだからです。

⑨悪い出来事は、さらに悪い出来事が起こるまでよくならない
Bad isn't good until worse happens.
何か間違いをしてしまったとき、それより悪いことが起これば、その間違いがよいことになるからです。

第5章　1年間のことわざ学習を終えて

⑩名声は富に勝る＝得失は一朝、栄辱は千歳
　A good name is better than riches.
　私はたまに意地悪なときがあるけれど、このことわざを思い出してそんな意地悪な自分を止めたいからです。

⑪馬を水際へ連れて行くことはできても、水を飲ませることはできない
　You can lead a horse to water but you can't make it drink.
　他人に何かを強制することはできません。

⑫己が欲するところを人に施せ＝己の欲せざる所は人に施す勿れ
　Do unto others as you would have them do unto you.
　これはいつでも使えるし、とても役に立つからです。

⑬ケーキを食べたらケーキはなくなる＝二足の草鞋は履けぬ
　You cannot have your cake and eat it too.
　人生のなかですべてを手に入れることはできないという意味なので、普段の生活でよく使えることわざです。

⑭己が欲するところを人に施せ＝己の欲せざる所は人に施す勿れ
　Do unto others as you would have them do unto you.
　皆がこのことわざに従えば、世界中に平和が訪れるでしょう。

⑮変化は人生のスパイスである＝十人十色
　Variety is the spice of life.
　いろいろなことをすると人生が楽しくなるからです。

⑯(垣根の向こうの）芝生はいつも青い＝隣の柿は赤い
The grass is always greener.
ものごとや誰かが自分よりもよく見えるときは、このことわざを思い出すからです。

⑰乞食に選り好みはできない＝背に腹は代えられぬ
Beggars can't be choosers.
このことわざは、今手元にあるものに満足することを教えてくれるからです。

コメント
「時は飛び去る＝光陰矢の如し」(Time flies.)、「ただのランチなんてない＝ただほど高いものはない」(There's no such thing as a free lunch.)、「転がる石に苔むさず」(A rolling stone gathers no moss.)、「名声は富に勝る＝得失は一朝、栄辱は千歳」(A good name is better than riches.)、「ケーキを食べたらそのケーキはなくなる＝二足の草鞋を履けぬ」(You cannot have your cake and eat it too.)といったことわざを教えるのは、とても楽しいひとときでした。
　子どもたちは、これらのことわざを人生の規範となる言葉として、生涯にわたって覚えていたいと考えたようです。彼らが、人生とは努力して取り組むことだ、と理解できたのは収穫です。
　この設問においても、「黄金律」を挙げた子どもが最も多くいたことは、なんとうれしいことでしょう。ある子どもは、「みんなが『己が欲することを人に施せ＝己の欲せざる所は人に施す勿れ』(Do unto others as you would have them do unto you.)に従えば、世界中に平和が訪れるはず！」と言ってくれました。これは実に的を射た理由付けで感心させられました。

(9) ことわざを学び、ディスカッションをしたことで、あなたの考えや行動は何らかのかたちで変わりましたか。はい／いいえで答え、その理由を教えてください。

① いいえ。なぜだかわかりません。
② いいえ。元々たくさんのことわざについてけっこう知っていたので、それほど変わりませんでした。
③ はい。弟が僕をイライラさせるときは、「誤りを二つ重ねても正しい行いにはならない＝恥の上塗り」（Two wrongs don't make a right.）を思い出して、仕返しをするのは止めます。
④ いいえ。でも使うことが増えたことわざはあります。
⑤ はい。ことわざを学んでディスカッションをしたことで、私の行動と考え方は変わりました。ことわざを学習して、より大人の考えができるようになりました。
⑥ はい。ことわざは教訓を教えてくれました。
⑦ はい。ミーダー先生はたくさん説明してくれました。
⑧ はい。弟がパンチしてきたとき、ことわざを学んでいなかったら殴り返していたと思います。
⑨ はい。前よりもよい判断ができるようになったので、少し変わりました。
⑩ はい。もっとよい人になるよう教えてくれることわざがあるからです。私はスポーツをするし、競争心が強くて意地悪（たまに）だから、他の子たちは私のことを乱暴な女の子だと思っています。
⑪ はい。もっとよい人間になるよう教えてくれることわざがあるからです。
⑫ はい。自分には親切にしてもらいたいので、他の人にも親切にします。
⑬ いいえ。以前はことわざというものが何だか知らなかったので、学んでも変わりませんでした。

⑭　はい。世の中のすべてのことがどう動くのか、その動き方に対する考えが変わりました。
⑮　いいえ。何かをしているときは、ことわざについては別に考えません。
⑯　はい。よりよい判断ができるようになりました。たとえば、今日のうちにできることをなぜ明日に先延ばしにするのか、などです。
⑰　はい。学習が変わりました。ことわざについて考えれば、生活は変わるし、新しい言い習わしを学ぶことができます。

コメント
　これは子どもたちにとっては難しい質問だったようです。それでも、ことわざを学ぶ前と比較すると、他者にはよい態度で接するといった行動が改善された、と多くの子どもが指摘しています。その必然として、参考にすべき〈生きるための知恵〉としてのことわざによって、以前よりも的確な判断ができるようになった、と感じている様子が読み取れました。
　こうした回答は、学習したことわざの言い回しや価値に関する理解度を明確に示しています。「行動は言葉より雄弁である＝不言実行」（Actions speak louder than words.）、「ペンは剣よりも強し＝文は武に勝る」（The pen is mightier than the sword.）や、ことわざの「黄金律」をはじめとすることわざの真意を受け入れたという事実は、ことわざ教育を実施することで、前向きな人格の形成が促進されたことを物語っています。
　ことわざは無理なく楽しんで覚えることができるので、何らかの判断を下す場面に遭遇したときには、必ず思い出してくれるものと期待しています。

(10) これからもことわざの勉強を続けたいと思いますか。はい／いいえで答えてください。またその理由についても教えてください。

① はい。ことわざを使うのは楽しいです。
② はい。ことわざを使って両親を驚かせたいからです。
③ はい。ことわざは私の人生をかなり楽にしてくれて、問題に巻き込まれないようにしてくれるし、元気付けてくれます。ことわざは素晴らしいと思います。
④ はい。とても楽しいです。でも、理解できないことわざもいくつかあります。
⑤ はい。ことわざを学ぶのは楽しいし、興味深いです。もっと学びたいと思います。
⑥ はい。ことわざについて話すのは楽しいからです。
⑦ いいえ。なぜなら人生と離れていたいからです。
⑧ はい。ことわざはとても興味深いし、人生の助けとなります。
⑨ はい。人生の手助けとなるし、楽しいです。
⑩ はい。私にもっとよい人になるよう教えてくれるからです。
⑪ はい。ことわざがどんなことを意味するかについて学べるからです。
⑫ はい。とても興味深いです。
⑬ はい。ことわざは人生の真実なので、私もぜひそうありたいと思います。
⑭ はい。ことわざは問題行動をとる子どもに助けの手を差し伸べ、人生のなかで起こる事柄について学べると思います。
⑮ はい。とても楽しいです。
⑯ はい。ことわざは道徳のようなものだからです。知れば知るほど判断を間違わなくなります。
⑰ はい。ことわざ学習は楽しいからです。

コメント

　この設問の回答においても、ことわざは頼りになる指針であり、ものごとについて判断をするときに役立つ、と感じていることが分かります。

　なかでも⑭の「ことわざは問題行動をとる子どもに助けの手を差し伸べ、人生のなかで起こる事柄について学べると思います」という丁寧(てい ねい)な回答が、この一年間の学習成果を最も適切に表現しているのではないでしょうか。

　子どもたちはさまざまな場面で幾度となく、「もっとことわざ学習を続けたい」と話してくれましたが、回答欄にもその確かな思いが綴(つづ)られていました。

　彼らが言うように、ことわざは面白くて役に立つ道具です。4年生の仲間たちはことわざのなかに楽しさを見い出し、学んだり使ったりするのも難しいとは思っていないことが伝わってきます。これらのことからも、4年生に向けたことわざ教育には、喜びとやりがいがあることを再認識することができました。

(11) ことわざの学習を始めたときは、どんなことに驚きましたか。

① なんか変だと思いました。
② 動詞、祝日、スポーツではないことです。
③ ことわざがなんだかは知りませんでしたが、たくさんのことわざを聞いたことがありました。
④ ことわざが薬ではないと知って驚きました。
⑤ その数の多さに驚きました。すごくたくさんあります。
⑥ ことわざが言い習わしであるとは、全く知りませんでした。
⑦ すごく楽しくて驚きました。
⑧ 私はたくさん言い習わしを知っていますが、それがことわざだったと知ったことです。

⑨　いつもことわざは正しいことです。
⑩　私たちが学ぶことわざの数を知って驚きました。
⑪　私が驚いたのは、ことわざは言い習わしだということです。
⑫　一つひとつのことわざが、色々なことにあてはめられることです。
⑬　ことわざが何なのかは知りませんでしたが、それは暮らしのなかの真実なので、今では毎日の生活のなかで使うことができます。
⑭　ことわざの本当の意味を知ったとき驚きました。
⑮　1800年代からあると知って驚きました。
⑯　ことわざは真実を言い当てていることです。
⑰　ことわざが実際の世界とどのようにつながっているか、ということです。

コメント

　最初に学習を始めたときは、ほとんどの子どもがことわざとは何かということを知りませんでした。そして今、「ことわざが何なのかは知りませんでしたが、それは暮らしのなかにある真実なので、今では毎日の生活で使うことができます」と言うまでに成長した生徒がいたことは、私にとっても驚きでした。

　初日の授業で子どもたちが、ことわざという珠玉の知恵にすっかり魅せられていく様子は、想像を超えるものでした。クラスの皆がことわざをこんなにも早く理解するのを目の当たりにしたことは、長い教師人生でも最も報われた経験の一つである、と言えます。

　子どもたちは比喩について学びました。そして、ことわざには詩的な技巧が使われ、構文モデルに従ってできていることを、あっという間に気づいてしまったのです。私たちはことわざ教育を通して、子どもたちにはこんなにも素晴らしい理解力が備わっているのだ、ということを教わりました。

(12) ことわざプロジェクトについて、ミーダー教授に伝えたいことを自由に書いて下さい。

① 私はがんばりました。
② ことわざが何なのか知りませんでしたが、今は分かります。家族にことわざを使って話せるけれど、そうしたら家族は私がおかしな子だと思うでしょう。先生が私たちに教えてくれたことすべてに感謝しています。
③ 私たちにたくさんのことを教えてくれたミーダー先生は、本当に親切だと思います。先生に出会ってから、新しいボキャブラリーが増えた気がします。
④ ミーダー先生にはとても感謝している、と伝えたいです。来年も授業に来てくれるといいな、と思います。先生からたくさんのことを学びました。
⑤ ミーダー先生には、一緒に授業ができてとても楽しかった、と伝えたいです。先生は今までで会った人のなかで、世界一有名で親切な人です。
⑥ ミーダー先生には、「転がるサッカーボールには芝生のシミがつかない」ということわざをつくったことを伝えたいです。
⑦ かっこいい。
⑧ 先生と一緒にことわざを楽しく学んだことと、また授業に戻ってきてことわざを教えてほしい、と伝えたいです。
⑨ 他の4年生のクラスでも、この授業をしたらいいのにと思います。本当に人生の役に立つし、よりよい未来のためになるからです。いろいろありがとうございました。
⑩ ことわざは親切で親しみやすい人になるように教えてくれるので、私たち皆にとってよいことだと思います。いつもはきつい感じの子も、ことわざの授業のときは少し態度が優しくなるみたいです。これはよいことです。ありがとうございました。

⑪　ことわざ学習は本当に、本当に、本当に楽しかったです。また先生に会いたいです。

⑫　先生はとても面白い人で、ことわざも同じようにおもしろかった、ということを先生に伝えたいです。

⑬　ことわざが何であるかを知らなかったので、最初に学んだときはうれしかったです。今は分かるようになったので、大人になったら自分の子どもたちにどんな意味なのか教えたいです。ミーダー先生、ありがとうございました。

⑭　ミーダー先生へ。私たちのことわざクラスを続けてほしいと思います。先生と先生が教えてくれたことわざは、ずっと私の心に残るでしょう。世界がどのように動き、銀河がどのようになっているかを教えてくれました。本当にありがとうございました。

⑮　ミーダー先生と一緒に勉強し、それまでには知らなかったことを学べて、とても楽しかったと伝えたいです。先生は人生の教訓を教えてくれました。私は一生ずっとことわざに興味をもち続けると思います。ミーダー先生のことはずっと忘れません。また会いたいです。

⑯　ことわざは本当にかっこいいし、ミーダー先生がクラスに来てことわざを教えてくれてうれしかったです。ありがとうございました。

⑰　先生と一緒にことわざの勉強ができて楽しかった、と伝えたいです。私たちのクラスに来てくれてありがとうございました。

コメント

　この設問については、私に宛てた授業の感想だけでなく、担任のホルムズ先生に宛てた感想も含めるべきだったと反省しています。

　ホルムズ先生は多くの教科にことわざを導入してくれました。このことから、彼女に対する子どもたちの回答は、私へのメッセージと同じように、大絶賛の言葉で埋め尽くされることは間違いありません。

ところで、4年生にとっては、こうしたアンケートの課題を完成するのは、かなりの大仕事であったことを書き加えておかねばなりません。簡単に回答できる択一式ではなかったので、子どもたちはかなりの時間をかけて、この複雑ともいえる質問に根気よく、しかも熱心に取り組んでくれました。彼らはこの設問を真剣に受け止め、きちんとやり遂げてくれたのです。

　子どもたちがもたらしたフィードバックは、教師にとってはかけがえのない宝物であり、実りある糧になりました。たくさんのことを教えてくれ、有益な情報を与えてくれた子どもたちに、心から感謝しています。

　私は3週間に一度、一コマのことわざクラスを担当しましたが、私にとってこの授業は、普段の大学の授業と同じくらい取り組み甲斐のあるものでした。子どもたちには何度も伝えたことですが、皆の知識欲とその吸収力には心から感動させられました。

　私たち教師にとってもことわざプロジェクトは非常にやりがいがあるものです。子どもたちは、「行動は言葉より雄弁である＝不言実行」（Actions speak louder than words.）と言い、ことわざプロジェクトを続けてほしいと話してくれました。私たちはその意思を汲み、子どもたちを対象としたことわざ教育を、今後も続けていこうと考えています。

3　子どもたちへの感謝の手紙

　1年にわたって展開したことわざプロジェクトの最終日には、子どもたちと保護者が企画した素晴らしい発表会と昼食会が開かれました。そこには私たち夫妻と高校生も招待されました。

　子どもたちが披露したのは、妻（バーバラ先生）が勤める高校の生徒から学んだドイツのおとぎ話を基にした人形劇です。次いで、高校

生から学んだドイツ語や、妻から学んだドイツのことわざを大きな声で朗読しました。
　さらに、これまでに学んだ数多く英語のことわざをテーマとした、人形劇を演じました。
　シナリオもすべて子どもたちの手で書き上げており、心を弾ませて取り組んだ子どもたちの熱心さには、周囲の大人も巻き込まれてしまったほどです。
　この他にも様々な歓待を受けた私は、後に感謝の手紙を書きました。そこには、終生忘れることのできない思い出を与えてくれた子どもたちとホルムズ先生へ、さらにはことわざプロジェクトを支援してくれた大切な友人たちに向けた真心を綴りました。

　　　　　　　　　　　　　　　　　　　　　　　　2000年6月6日
　私の小さな友人であるアレックス・H、ウィル、カール、ゲイジ、カリ、ブラッド、マギー、コーディ・B、アレックス・J、オードリー、エマ、ブライアン、アシュレー、ジャレド、ミーガン、エミリ、サミー、ケリー、コーディ・O、ヘザー、そしてホルムズ先生へ。

　ことわざとドイツ語を一緒に学習してきた1年間を、こんなにも素晴らしいかたちで締めくくることができるとは、思ってもみませんでした。パーティーでは皆で学んできた成果や、美味しい料理を心から満喫させてもらいました。
　クラス全員で盛りだくさんの発表を頑張った後に、ドイツ料理の美味しいランチをいただいたのも楽しいひとときでしたね。さらに、プレゼント交換のお蔭で、パーティーはいっそう心のこもったものとなり、最高にうれしい一日でした。
　私は、皆さんが準備してきた発表会の日を心待ちにしていました。そして、本当に素晴らしい出来栄えに大満足しています。そう、君た

ち一人ひとりが見せてくれたパフォーマンスは、まさに感動そのものでした。

　皆さんと素晴らしい教師であるホルムズ先生が、妻、バーバラ・ミーダー（皆さんのドイツ語の先生です）と私に、そして高校生や皆さんのご両親のために準備してくれたパーティーにも感激しました。

　皆さんの知的能力に深く感動したことは、私たちの拍手喝采からもきっと分かってもらえたのではないかと思っています。何事にも明るく前向きな気持ちで取り組んでくれたお蔭で、ことわざ学習というイベントは大成功を収めました。おめでとう！　本当によいプロジェクトになりました。

　おとぎ話の人形劇は最高の仕上がりでした。全員が協力した仲のよさや、劇のストーリーに組み込まれたことわざの叡智（えいち）が、とてもうまく反映された結果だと思います。台詞（せりふ）もはっきりと言い、感情をたっぷり込めて話すように気をつけていましたね。人形の扱いもとても上手でした。

　このように多くのことをこんなにも速く習得した皆さんを、尊敬せずにはいられません。才能が豊かで積極的な皆さんは、クラス全員で力を合わせて道徳に関するお話を演じ、私たちを楽しませてくれたわけですからね。

　わずか数時間の授業で習得したドイツ語の話し振りには、感心してしまいました。発音がよいだけでなく、短時間でたくさんの単語を身に付けていました。寸劇もとても楽しく、聞いていてすんなりと理解することができました。今後もドイツ語やその他の外国語に興味をもち続けてくれることを願っています。

　誰もが知っている通り、世界の人々が仲よくするためには、外国語を身に付けることがとても大切です。もしかしたら、バーバラ先生とドイツへ旅行に行く日が来るかもしれません。そこでドイツ語を使ってみたらきっと楽しいと思いますよ。

また、2人のクラスメートが奏でるバンジョーとピアノも楽しませてもらいました。たくさん練習したのでしょうね。楽器を弾くのは楽しいことですから、皆さんには好きな楽器を習うことをお勧めします。決して後悔することはないはずです。

それではここで、ことわざの授業について少し書くことにします。この1年間に皆さんは数え切れないほど多くのことわざを学びました。もちろん、この手紙で伝えたいのはことわざだけではなく、私が授業に参加する日をどれだけ楽しみにしていたのか、ということも含まれています。

ことわざの授業は午後でした。ですから、午前中に大学の授業を終えた後に来ていました。この日にホルムズ先生と一緒に授業をするのが、朝から楽しみでしかたありませんでした。

前日の夜に授業で使うスライドや音楽を準備し、授業日の午後に車でミルトンへと移動している間に、どんどん気持ちが盛り上がってきたものです。いつも元気で好奇心と学習意欲に満ちあふれていた皆さんは、毎回私の授業を心待ちにしてくれましたね。

私が毎回皆さんの好奇心と知性に感心させられていたことを、ぜひ伝えておきたいと思います。授業への参加は積極的で、貴重な質問を投げかけてくれました。さまざまなことわざに関する意見は、聞いている私をワクワクさせてくれました。

何度もお伝えしたように、皆さんはこうした叡智が凝縮したことわざを学んで理解し、その活用法も立派に習得しました。比喩的表現に対する理解力に驚いてしまうこともありました。このように言うのも、小学4年生という子どもたちが、難度の高いことわざを理解するのは無理だ、と考える大人が大勢いたからです。

しかしあなた方は、これまでの理論が間違いであることをはっきりと証明してくれました。ことわざは難しいものではありません。そしてこれからもきっと、覚えたことわざを忘れずに、生涯にわたって学

び続けてくれるものと信じています。

　皆さんが取り組んだ絵などの作品は、大切な宝物になりました。これからの人生を歩んでいくなかで、さらに多くのことわざに出合うことでしょう。こうしたことわざは、あらゆる年代の人々とコミュニケーションをとるときにも役立ちます。ですから、今後もことわざに興味をもち続けてくれることを心から願っています。

　最後になりましたが、この世にたった一つの特別な〈ことわざクッション〉についてお礼を言わせてください。このような芸術作品は、世界中を探しても二つとありません。このクッションは新たに学んだ知識、好奇心、能力、熱意の結晶であり、そのどこを見ても皆さんの瑞々しいエネルギーが満ちみちています。ことわざクッションは宝物として大切にし、毎日眺めることにします。そして、このクラスのことをこれからもずっと忘れません。

　これまでの30年間、皆さんよりも年上の学生たちを教えてきましたが、そのなかには今の皆さんと同じぐらい優秀な人たちも大勢いました。けれど、皆さんは本当に特別な存在です。なぜなら、あなたたちのような小さな子どもたちを教えたのは、初めてだったからです。なんと素晴らしく、実りの多い経験だったことでしょう。素晴らしい生徒でいてくれた皆さんにはありがとうという気持ちでいっぱいです。これからも好奇心を持って学び続けてください。

　いつの日か皆さんが高校に進学し、バーバラ先生とともに学ぶことになり、そして後に、私とともに大学でドイツ語と民俗学を学ぶ人が出てきてくれたら、これほどうれしいことはありません。楽しみにしていますよ！

　最高の生徒であり小さな友達の皆さんに対し、繰り返して感謝の気持ちを伝えたいと思います。そして皆さんはホルムズ先生という素敵な先生と一緒に学ぶことができてラッキーでしたね。ホルムズ先生は、皆さんの授業のためにベストを尽くしてくださいました。私はバーバ

ラ先生ともどもこのスーパーことわざチームの一員になれたことに、心から感謝しています。ありがとう。

親愛の気持ちと感謝を込めて、

あなたの「年上の」友達
ヴォルフガング・ミーダー

4　保護者から届いた手紙

　7名の保護者からうれしい手紙が届きました。その他の数名からも、子どもたちがとても楽しんでことわざプロジェクトに取り組んでいました、との感想をいただいています。手紙やコメントのお蔭で、保護者の方々にもことわざ学習の価値を理解してもらえたことが、よく分かりました。

　子どもたちは学校から家に帰ると、さっそくことわざの起源や意味について家族に話して聞かせたそうです。なかでも、日常会話のなかでことわざを楽しそうに使っていたとの報告は、特筆すべきことでした。それは、子どもたちがことわざを自分のものとした結果であり、気軽に使いこなせるようになった、ということに他なりません。

　保護者も子どもと共に、ことわざという〈生きるための知恵〉に収められた伝承表現を知るなかで、その教訓的・道徳的価値を見い出し再認識することができたようです。以下にこれらを示唆する保護者からの手紙を紹介しておきます。

手紙1

　今年の我が家では、ことわざが大ヒットしたのはご存知のことと思います。息子のウィルはことわざをノーマン・ロックウェルの絵画、

音楽、文学のなかから見つけてきました。彼は、叡智の言葉があてはまる場面に出会うたびに、ことわざを口にしています。

　（私の母は次のことを思い浮かべると、いつもクスクスと思い出し笑いをしてしまうのですが）、たとえば、ビル（ウィルの父親）が新しい携帯電話などのデジタルツールを買おうとしたときに、ウィルが、「馬鹿とお金はすぐに別れる！」（A fool and his money are soon parted.）と言ったことです。(p.32参照)

　ことわざは子どもたちに道徳観を与えてくれます。今日の世界では、内面にしっかりとした道徳観や倫理観をもつことが必要です。

　私は、このプロジェクトを進めて来られた先生方の方針に賛同しています。叡智のことわざは、これからもずっとウィルの記憶のなかに残り、人生に起こる様々な状況を表現するために使うことになるでしょう。
（A.N.）

手紙2

　ことわざ学習は息子のブライアンにとって、あまり耳にしたことがない事柄について学ぶ、得難い機会だったようです。彼は「ことわざ学習って楽しいよ！」と言っていました。子どもたちがかけがえのない経験ができる貴重な機会を設けて下さった、ミーダー教授とホルムズ先生に感謝いたします。
（無記名）

手紙3

　クラスの子どもたちの皆が、ことわざ学習をそれは楽しんでいたようです。息子のコーディはもちろん、私たち親も共に食卓を囲みながら、ことわざの意味についてあれこれと話し合いました。

　シンプルだけれども意味深いことわざを使うことはよくありました。しかし、ことわざの根源を振り返って考えることはほとんどありませんでした。息子がことわざのルーツを学び、認識できるようになった

ことは、ことわざ学習の見事な成果だと思います。

　このユニークなプロジェクトには脱帽です。そして今後は他のクラスの生徒も、コーディと同じようにことわざからの恩恵を受けられるといいな、と願っています。
　　　　　　　　　　　　　　　　　　　　　　　　　　　　(D.B.)

手紙4

　このプロジェクトは私の子どもにとって、とても価値のあるものでした。私たちがことわざから学べることは、たくさんありました。その多くが貴重な教訓だけでなく、道徳まで教えてくれたように思います。

　子どもから高齢者に至るすべての人々に、推論することの大切さを教えてくれることわざも数多くあります。娘はことわざに基づいて物事を一般化する術を学びました。また、ことわざの背景には、どんな意味があり得るのか（なぜ二つの解釈が成り立つことわざがあるのか等）についても、考えを巡らすようになりました。

　娘が大学教授の授業を受けることができたのは、特別な経験となりました。（娘の祖父がミーダー教授のことを知っていました）。教授が時間を割いて子どもたちと話し、教え、そして子どもたちからも学んだという話を聞き、心の底からうれしく思いました。

　娘は学校外でもことわざを見い出せるようになるなど、ことわざを日常に結びつけられるまでに成長しました。本当にありがとうございました。
　　　　　　　　　　　　　　　　　　　　　　　　　　　　(C.L.)

手紙5

　ジャレドはことわざプロジェクトがとてもカッコいいと感じ、ことわざ学習を楽しんでいました。私の目から見ると、このプロジェクトは大成功だったと思います。
　　　　　　　　　　　　　　　　　　　　　　　　　　　　(R.R.)

手紙 6

　ことわざプロジェクトは有意義なものだったと思います。娘はことわざをただ習っただけではなく、学んで理解し、多様な状況にいかに関連付けるか、ということを体得しました。そして、何よりも彼女が楽しんでいたことが最高でした。　　　　　　　　　　　　（W.H.）

手紙 7

　娘のミーガン・ローレンスは、「ことわざには何かしらの意味があるのでおもしろい」と言っています。親の視点から申しますと、彼女はことわざから人生の貴重な教訓を教えられ、今ではそれを表現する言葉として身に付けたようです。

　家にいるときも状況や出来事とことわざを結びつけることがよくあります。そして思わず彼女が口にすることわざに、家族は感心しています。

　このプロジェクトは、子どもたちの学習意欲をかき立てる貴重なものであった、と信じています。　　　　　　　　　　　　　　　（D.L.）

Children and Proverbs
Speak the Truth

第**6**章

ことわざとは何か

ことわざ学という分野をご存知でしょうか。ことわざ学は民俗学領域のなかの小さな分野ですが、このことによって、ことわざは民俗学の最も単純な形式だ、と考える人がいるかもしれません。

しかし、それは間違っています。様々な言語で書かれた多くの文献を読むと、シンプルで分かりやすいことわざの叡智が、古典から現代にかけて多くの研究者の心をつかんできたということに感心させられるのは、私だけではないはずです。

英語圏のことわざに的を絞っても、内容が充実した本や論文の豊富さには圧倒されてしまいます。なかでも、情熱をかけて英語、とりわけ英米のことわざを収集してきた研究者が、最高レベルの辞典を編纂してきたことはまぎれもない事実です。

本章では、古くから多くの人を魅了してきた、ことわざの概要について述べてみたいと思います。

1　ことわざの起源

最初に、ことわざの起源について、手短かに説明しておきます。バートレット・J・ホワイティングの著書『ことわざの起源』"The origin of the Proverb"（1931）に詳しく記されているように、私たちが使うことわざの多くは、古典時代に源を発しています。

「大きな魚が小さな魚を食う＝弱肉強食」（Big fish eat small fish.）ということわざは、ギリシャの叙事詩人ヘシオドスにまで遡ることができます。また、ラテン語の翻訳借用語[13]から、どのような経路をたどって古代ローマ帝国まで伝わったかを説明することもできます。

さまざまな古代言語や文化のなかで生まれた多くのことわざは、ま

13：他の言語から翻訳する際に、原語の構造（言形）を活かしながら採り入れた言葉。馬力（horse power）、電力（electric power）、血圧（blood pressure）の類。

ずはラテン語になりました。やがて、この中世ラテン語のことわざは世界の国々に伝わり、その国の言語に翻訳されて根付きました。

「一方の手が他方の手を洗う＝武士は相身互い」(One hand washes the other.)、「恋は盲目＝痘痕(あばた)もえくぼ」(Love is blind.)、「健全な身体に健全なる精神＝文武両道」(A sound mind in a sound body.)[14]などは、いずれもこの経路をたどり、多くの国々に翻訳ことわざとして伝播しました。

しかし今日、世界に広く普及している伝承ことわざについて、実態のすべてを究明することは不可能なのが現状です。

2　聖書のなかのことわざ

聖書のことわざも同じルートをたどっています。「人はパンのみにて生きるものにあらず」(Man does not live by bread alone.)、「おごりは破滅に先立つ＝奢(おご)る者は久しからず」(Pride goes before the fall.)、「貰(もら)うより与える方がよい」(It is better to give than receive.) などのことわざは、数十ヵ国の言語に翻訳されていることで知られています。

3　伝播することわざ

ことわざの多くは中世と、それに続く時代につくられました。とくにヨーロッパにおいては、16世紀から17世紀の間にその黄金時代を迎え世界中に広まっていきました。

もちろん、英米語圏だけで使われてきたことわざがある一方で、世

14：本来は、健全な身体に健全な精神が宿っていることが人間の至福であり教育の理想だ、という意味。

界各国で独自に生まれたことわざも豊富にあります。

　ことわざはある時に、ある場所で、ある人の発言から生じた短句です。そして、先に述べた「ことわざの特徴的要素」(構造性、伝承性、簡潔性)のうち、少なくとも一つの要素を含んだ形で広まったと言えます。

　最初は、家族、仲間という小さな輪のなかで共有された短句であったかも知れません。その言葉が人の心をつかむ真理を表現していたため、その後は村、街、地域、そしてその国の全域や世界中に知れわたるようになったものと考えられます。

4　変容することわざ

　ことわざは普及する途中で形を変えていきます。ことわざの起源や歴史を学び始めると、いくつもの異型や類型といった言い回しが見つかります。ことわざっぽい句が頻繁に使われるようになると、そのことわざらしさ(ことわざ性：proverbiality)が、やがて多くの人々に受け入れられていきます。

　今に言われる「大きな魚が小さな魚を食う＝弱肉強食」(Big fish eat little fish.)は、原初とされるラテン語においては、「海ではより大きな魚たちが小さな魚たちをむさぼり食う」(In mari pisces maiores deuorant minores.)と表現されていました。

　この句が英語圏に入ってきた12世紀には、僧侶によって「海ではより大きな魚たちが小さな魚たちを食う」(The more fishes in the sea eten the lasse.)と直訳されて広まりました。そしてその後の数世紀の間に次のような変容を遂げました。

・より大きな魚たちがより小さな魚たちをむさぼり食う
　The more fishes the less frete.

- より大きな魚たちがより小さな魚たちを飲みこむ
  The more fishes swelewen the lasse.
- 大きな魚が小さな魚を食う
  The great fish eat the small.
- 大きな魚が小さな魚を食べ尽くす
  The great fish eat up the small.
- 大きな魚がより小さな魚をむさぼり食う
  The great fish devour the less.
- 大きな魚が小さな魚を食う
  Great fish eat little fish. / Big fish eat little fish.

　このように姿を変えながら、現在では最後に示した2句が、最もよく用いられるようになりました。この句のように、多くのことわざには並列構造[15]が見られます。なかでも Big fish eat little fish. は、この構造がうまく使われた典型だと言えます。（訳注：世間には Big と Great、small と little などの言い回しが存在する。）
　ここに見たように、ことわざはそれぞれに有形無形の起源をもちながらも互いに影響し合い、受容と変容を重ねて今の姿に進化してきました。

5　ことわざを定義する

　さて、上記のような性格をもつことわざですが、定義することは簡単だと思いませんか。しかし、これまでに定義付けが試された回数は計り知れないほどに多い、というのが実情です。
　この表現はちょっと大げさに聞こえるかもしれません。しかし、こ

15：同じ語や類する語が、相互に影響を及ぼしながら変容していくという構造上の性格。

とわざとその他の短文との間にある違いについては、アリストテレスから最新の言語学的な知見までを合わせると、手に負えないほどの定義が見出せます。

たとえば、バートレット・J・ホワイティングの長編論文『ことわざの性質』(1932) では、定義を年代順にならべたリストが作成され、最後にはこれまでに作られた多くの定義をまとめて、次のように記されています。

・人類が生み出した表現であり、形式と句のなかにあるその起源を秘めている。
・明らかに根源的な真実（自明の理）を表現している。
・素朴ながら、韻を踏んだ言葉で表現されている例が多い。
・短文の場合が多いが、必ずしもそうでなくてもよい。
・真実を語っていることが多いが、そうでなくてもよい。
・なかには文字通りの意味と比喩的な意味の両方をもつ句もあるが、片方の意味しかもたないものの方が多く見られる。
・古くなければならない。
・伝承的要素をもっていなければならないが、この要素は文学者らによって書き換えられる可能性もあるので、複数の場所・時代において実際の用例が証明されるものでなければならない。
・この伝承的要素は、非常に古い文献を取り扱う場合は資料が不完全なこともあるので適用できないことが多い。

ホワイティングの論文と定義は多くの点で、彼の親しい友人であるアーチャー・テイラーがその1年前に書いた有名な著作、『ことわざ』(1931) の内容を反映しています。

テイラーは著名な研究論文の最初のパラグラフで、ことわざを定義することは不可能であり、それこそがまさにその本を書いた理由であ

ると断言しています。言わば、この『ことわざ』という本が、丸ごと定義付けの試みになっているというわけです。

しかも面白いことに、「定義は不可能である」と表明した彼の発言がことわざのように使われ、研究者が定義付けという課題に取り組むときは、いつもこの言葉が引用されているほどです。

また、ことわざの特徴的要素とのつながりから言えば、ことわざを定義しようとした言葉そのものが、既にことわざになっているものもあります。ロード・ジョン・ラッセルによる有名な定義、「ことわざは万人の知恵、一人の機知」（A proverb is the wit of one, and the wisdom of many.）はその典型と言えるでしょう。（訳注：いくつかの言い回しが存在する。）

そこで、先人がどのようにしてこの難問に立ち向かおうとしたか、ということについて考えてみたいと思います。

（1）アーチャー・テイラーの言説

ことわざの定義付けは難しすぎて報われない作業であり、万が一幸運にも一つの定義ですべての必要要素をまとめ、各要素を分かりやすく示すことができたとしても、それは試金石にすらならないだろう。

私たちは、伝えることが不可能な性質を基にして、「これはことわざ的で、あれはことわざ的ではない」と判断しているに過ぎない。したがって、ある句がことわざであると確実に判別できる定義はあり得ないのである。

ことわざは、そのことわざの言語が分かる人にのみ認識される。このことからすれば、エリザベス女王時代以前に使われていた英語の場合、私たちは真にことわざ的なものでも見逃してしまうだろう。

ことわざとは人々の間で受け入れられている言い習わしである、という認識で満足するより他はない。これまでに発表された定義の

大半は議論の余地がないことから、今後はその他の要素の重要性についてさらに理解を深め、検証していくことになるであろう。

(2) 一般の人々の考えをまとめた定義

　私、ミーダーはさまざまな人に、ことわざをどのように定義付けしますか、というシンプルな質問を行い、そこで得られた55の定義から判断を試みました。すると、人々（folk）という概念が浮彫りになりました。このキーワードは、ことわざとは何かということをざっくりとうまく表しているようだ、とするアーチャー・テイラーの考えと基本的には同じになりました。

　さらに、特定の単語の使用頻度に従って集められた定義を分析すると、以下の2つの定義にまとめることができました。なお、2つ目の定義は、55のほぼすべての定義で使われている言葉を集約してつくったものです。

① ことわざとは、比喩的で、定型かつ記憶しやすい形式のなかに、叡智、真実、道徳、伝統的考え方が入っており、人々が一般的に知っている短い句で、世代から世代へと受け継がれてきた言葉である。
② ことわざとは叡智を表す短い句である。

　色々な定義の寄せ集めである長い定義①は、ホワイティングの定義に似ています。一方、頻出単語に基づいた短い定義②からは、テイラーがまとめた定義が想起されます。

(3) ことわざを定義することわざ

　先に述べた定義との関連で見れば、一般向けの定義になっている英語のことわざについても、触れておく必要があるでしょう。それはた

とえば以下のことわざです。

- 世界中にあるすべての良識はことわざに至る
  All the good sense of the world runs into proverbs.
- ことわざは経験の申し子である
  Proverbs are the children of experience.
- ことわざは庶民の知恵である
  Proverbs are the wisdom of the streets.
- ことわざの叡智に勝るものはない
  The wisdom of the proverb cannot be surpassed.
- 伝承ことわざが嘘をつくことはまずない
  Common proverb seldom lies.
- すべてのことわざは真実である
  Every proverb is truth.
- 古いことわざは真実の申し子である
  Old proverbs are the children of truth.

このような定義から見て、ことわざを使う人々、つまり多様な層の市民は、ことわざを常識、経験、叡智そして何よりも〈真実がぎっしりと詰め込まれた言葉〉として捉えている、と考えてよいでしょう。

(4) 定義付けの難しさは伝承性にある
① 年代性を問う

　一般の人々がことわざとは何かを理解するには、つまりテイラーが言うところの伝達不可能な性質に気付くには、先のようなことわざを使った民俗的な定義で十分かもしれません。しかし、厳密で普遍的な定義をあっさりとあきらめてしまうことに、研究者たちは納得していませんでした。

事実、高い引用頻度を誇るテイラーの論文が発表されてから60年ほど経ちますが、その間、とくに現代言語学の分野でもこのジレンマを解決する取り組みが行なわれ、いくつもの複雑な定義が作られてきました。

　研究者たちは、こぞって「ことわざ性」——ある文を〈ことわざである〉または〈ことわざではない〉と判断する際に基準となる性質——の秘密を解く鍵を探してきたわけです。

　今日存在することわざの定義は数多く、なかにはあまりに複雑であるため、記号論理学[16]の知識がないとまったく分からないものもあるほどです。それにしても、実際には難解であろうとシンプルであろうと、基本的に満足できることわざの定義付けができていないのは、なぜなのでしょう。

　実は、ことわざの普遍的な定義をつくることができない最も大きな要因は、すべてのことわざ定義の中核になくてはならないとされる「伝承性」にあります。伝承性という用語には、ある文がことわざと見なされるための長い年月という〈年代性〉と、広く使われているという〈普及性〉が含まれています。

　ただ、ことわざの定義付けにおいて、構造・文体・形式などについては詳細に説明できても、その句そのものからどれだけの年月を経ているか、そしてどれだけ広まっているか、ということを判断することはできません。

　ある文の伝承性を打ち立てるには、客観的で周到な検証が必要です。が、どれほど厳密に定義付けをしてみたとしても、完璧はあり得ないのです。

　私たちが行なった定義付けにも、伝承性が考慮されているかもしれ

16：アリストテレスの古典論理学に対し、数学を手本にして記号を多用した現代論理学のこと。

ませんが、特定の句を個別に見ただけでは伝承性を認識することはできません。この困難さは、外国文化に由来することわざを調査すればすぐに分かることです。

たとえば、ことわざに共通する構造的・文体的特徴を満たした新しいことわざがつくられていたとしても、その外国語のなかに一定の年代性と普及性の有無を見い出すことは至難の業です。したがって、伝承性にこだわると、それが実際にことわざかどうかを判断することはできなくなってしまう、と考えざるを得ないのです。

②普及性を問う

さらに難しいのは、私たちは今、相対的な年代性と普及性だけについて話しているという点です。その句が厳密にどのくらい古ければことわざとして認められるのか、ということについては答えることすらできていません。

この普及性を論じるにしても、現代では、マスメディアを通せばどんな文章でもあっという間に知れ渡ってしまいます。このことは、キャッチコピーが、どれほど素早く世間で認識されるようになったかを考えれば、すぐに分かると思います。

以前は、数人の集団から都市そして国内外へと知れ渡るようになるまでに、何十年もかかっていた宣伝文句も、今日ではほんの数日で伝わってしまうのです。

そこで、この普及性の根本問題について考えてみることにしたいと思います。そもそも普及性とは何を意味しているでしょうか。どの程度の人数の間で、どのくらいの年月において普及していればことわざと認められるのでしょう。

特定の句がことわざと見なされるには、それなりに流通している必要がありますが、感覚的には1週間では短すぎます。少なくとも、1年間にわたって語り継がれていれば認めてよいと思います。

このようなまとめ方では、読者の目には曖昧に映っているかもしれません。ただ、あえてこのように書くことで、ことわざがどれほど漠然としたものであるかを、理解してほしかったのです。
　基本的に普及性とは、あることわざが特定の集団のなかで、繰り返し使われているという意味です。蒸し返すようですが、定義のなかに普及性を入れてはいるものの、ある文章を見ただけでそれが普及しているかどうかは判断はできません。ことわざによっては地域限定のことわざもあれば、国際的に広まっているものもあることから、普及性を厳密に捉えようとすると、万事が複雑になってしまうのです。

③生命性を問う
　もう一つ忘れてはならないのは、ことわざの多くは生まれても消えてしまう、ということです。つまり、すべてのことわざが同じ期間において普及しているわけではありません。古いことわざのなかには語り継がれるものもあれば、人々の記憶から消えていく句もあります。ことわざは生滅するという運命を背負った言葉なのです。
　伝承性のなかには年代性と普及性が含まれていることに加え、生命性も問われるという厄介な問題のせいで、定義を通してことわざか否かを判断することが難しくなっています。しかし、ことわざ自体から伝承性を見いだせなくても、その判断基準を明らかにする意義は依然として残されているのです。

④出典性を問う
　おそらく、母国の有名なことわざに関する伝承性であれば、それなりの判断はできるかも知れません。もちろん、闇雲に調査を行なう必要はありません。日常のさまざまな言語活動のなかで、何度も繰り返し耳にしていることわざを抽出すればよいのです。
　伝承性に関する詳しい調査をするのであれば、日常的にはあまり耳

にしないことわざや、伝承性に疑問がある句についてのみ行えばよいと考えます。これは文学作品から引用されてことわざになった句にも当てはまります。

問題は、元米国大統領セオドア・ルーズベルトが語った「静かに話し、大きな棒を持て」(Speak softly and carry a big stick.)[17]は、ことわざか、それとも引用なのか、というような場合です。このような問いに対し、私たちは両方であると答えることにしています。

たとえば、ルーズベルトという発言者の名前に触れながら用いる人にとっては、引用句になります。また、ルーズベルトが1901年9月2日に発言して以降に広く普及したことを主眼に置けば、ことわざに近い言葉であると言えます。

そして、現在、この句をルーズベルトに関連付けて話す人はほとんど見当たりません。ですから、この句は作者不詳のことわざとして使われている、と考えてよいでしょう。

これに対し、比較的新しいことわざには、別の問題点があります。ある文言がよく使われことわざになったとしたら、何が判断の基準になったのでしょう。誰もが知っている歌のサビ(聞かせどころ)はどうでしょうか。

また、「ゴミを入れれば、ゴミが出てくる＝身から出た錆」(Garbage in, garbage out.)[18]は、ことわざと呼んでもよいと思いますか。実は、この句はコンピュータ仲間から広まった業界用語であることが

17：元句：Speak softly and carry a big stick, you will go far. 直訳：静かに話し、大きな棒を持てば遠くまで行ける。意訳：穏やかに話し、必要な時だけに権力（武力）を振るえば思い通りに事は進む。転じて、「力があっても他人に見せびらかしたりしてはいけない」の意。棍棒外交で知られる米元大統領セオドア・ルーズベルトが有名にした西アフリカのことわざ。

18：コンピュータによる情報処理において、プログラムに組み込まれたロジックに一切間違いがなくとも、与えられたデータ（入力）が誤っておれば、得られる値（出力）は誤ったものにしかならないということ。「先入れ、先出し」というFIFO (First In, First Out.)のもじりから生まれたことわざであると思われる。

分かっています。しかし、世間ではその出処を抜きにして、汎用的なことわざであると認められています。

この他にも「タンゴを踊るには２人要る＝片手で錐はもめぬ」(It takes two to tango.) や、「人にはそれぞれのやり方がある＝十人十色」(Different strokes for different folks.) も、比較的新しいアメリカの〈新ことわざ〉に次ぐ〈新々ことわざ〉として流通しています。

このように述べてきた「ことわざ性」、つまり何をもってことわざというのか、という問題を煎じ詰めると、その決定的な要素は、伝承性についての判断次第となります。

6　ことわざの特徴

(1) 構成要素

ことわざ性を判断するその他の注目点には、「特徴的要素 (marker)」があります。この研究視座は、多くのことわざのなかにある構造的な特徴を探し出そうとしてきた、ジョージ・ミルナーやアラン・ダンダスに見出すことができます。

ミルナーは、たとえば「転がる石に苔むさず」(A rolling① / stone② / gathers③ / no moss.④) (p.21、p.37参照) のように、ほとんどのことわざは４部構成であると論じました。この４つにパターンに分けた各パートに、肯定的意味か否定的意味かを割り当てることで、基本的に16の構造パターンを作ることができる、と言うのです。

しかし、いま適当に考えてつくった句、「走る鶏は花を集めない」(A running① / chicken② / collects③ / no flowers.④) は、４部構成になってはいてもことわざではありません。

またダンダスは、ことわざは「時は飛び去る＝光陰矢の如し」(Time flies.) のように、少なくとも主語 (time) と述語 (flies) で

成り立ち、何らかの主張をもっている句である、と定義しています。しかし、だからといって、それがことわざであると判断する定義付けにはなりません。彼は単に、ことわざには少なくとも二つの単語が含まれていなければならないという、ことわざのある部分を述べているに過ぎず、ことわざのすべてを言い表しているわけではありません。

さらにダンダスは、「手の中の一羽は藪の二羽に値する＝明日の百より今日の五十」（A bird in the hand is worth two in the bush.）のように、複雑なことわざは論旨に肯定・否定といった対比的構造がある、と述べています。

では、この主張と架空の言葉、「捕えた鶏一羽は野原にいる二羽分の価値がある」（A chicken in the fist is worth two in the field.）の間に、何か違いがあるのでしょうか。なぜ前者がことわざで、後者はことわざでないのでしょうか。謎のままです。

(2) 伝承性

ダンダスは伝承性の問題点については認識しており、次のように述べています。「ことわざとは少なくとも一つの説明的要素で構成される伝承的な意味内容を表現した句であり、説明的要素は主題とそれに関する説明によって構成されているようだ」。（訳注：説明的要素とは、「○○は××である」の類。）

しかし、この定義では「伝承性」そのものの問題は放置されたままです。つまり、私たちは目の前にある伝承性が確認されていることわざを定義し分析することはできますが、問題はその奥にあります。ミルナーやダンダス、とりわけダンダスの構造分析は、ある意味では有意義ですが、伝承性の問題は未だ解決できていないのです。

(3) 簡潔性

前述した構造的な枠組みに加え、ことわざに共通する「特徴的要

素」は、他にもいくつかあります。

　ことわざが比較的短く簡潔であることは、一般的に承認されています。さらに、「金がものを言う＝地獄の沙汰も金次第」(Money talks.)というように、ことわざは少なくとも二つの単語、つまり主語と述語がなければならない、というダンダスの見解も共通して認識されています。

　一方で、「早寝早起きは人を健康にし、富ませ、賢くする＝早起きは三文の得」(Early to bed, and early to rise, makes a man healthy, wealthy and wise.)のように、かなり長いものがあることを知っておく必要があります。

　それでもなお、ことわざは比較的短く、完成された句でなければなりません。おそらく、短ければ短いほどよい、と言ってよいでしょう。なぜならそれは、実際に話す段階においてイメージを喚起する力（想起力）や、その意味を把握する力（認識力）が確かなものとなるからです。

　ことわざが一定の形式に則ったうえに簡潔につくられているのは、この想起力と認識力を触発する機能を内包するためだったのです。

(4) 外的構造

　これまでのことわざ研究では、ことわざを特徴付けるさまざまな詩的・形式的特徴も発表されてきました。最近では、ニール・ノリックとシャーリー・アロラがこれらについて詳しく研究しています。

　ここではアーチャー・テイラーとベアトリス・S・ワインライヒの意見をも加えて、いくつかの要素別に事例を挙げてみます。（訳注：参考までに①と②には下線を付した。）

① 【頭韻】

・<u>M</u>any a little <u>m</u>akes a <u>m</u>ickle.

少しも度重なれば多くなる＝塵も積もれば山となる
- <u>Live</u> and <u>let</u> <u>live</u>.
　自分も生き、他も生かせ＝持ちつ持たれつ
- <u>Money</u> <u>makes</u> the <u>mare</u> to go.
　金を見せれば馬も行く＝地獄の沙汰も金次第

② 【脚韻】
- Man <u>proposes</u>, God <u>disposes</u>.
　事を計るは人、事を決するは神
- No <u>gain</u> without <u>pain</u>.
　苦労なくして得るものなし＝苦は楽の種
- <u>Seeing</u> is <u>believing</u>.
　見ることは信じること＝百聞は一見に如かず

③ 【並列】
- Easy come, easy go.
　得やすいものは失いやすい＝悪銭身に付かず
- A penny saved is a penny earned.
　1ペニーの節約は1ペニーの儲け＝塵も積もれば山となる
- A little wood will heat a little oven.
　小さな薪は小さなオーブンを温める＝蟹は甲に似せて穴を掘る

④ 【省略】
- Out of sight, out of mind.
　見えなくなれば忘れられる＝去る者は日々に疎し
- Nothing ventured, nothing gained.
　危険を冒さなければ何も得られない＝虎穴に入らずんば虎子を得ず
- Sooner begun, sooner done.

早く始めれば早く終わる

　この他にも、多くのことわざには一定の基本構造があります。たとえば、以下の4つの型です。これらの構造を知ることにより、ことわざの抽出が容易になります。

⑤【その他】
・Where there's X, there's Y.　Xのある所にYあり
　（例）Where there's smoke, there's fire.
　　　　煙のある所には火あり＝ない名は呼ばれず
・Like X, Like Y.　XがXならYもY
　（例）Like father, like son.
　　　　父も父なら息子も息子＝蛙の子は蛙
・One X does not make a Y.
　　Xだからといって Yという訳ではない
　（例）One swallow does not make a summer.
　　　　ツバメ一羽で夏にはならぬ＝木を見て森を見ず

　基本構造である頭韻、脚韻、並列、省略などは、ことわざの重要な特徴的要素です。では、「愛に嫉妬はつきものである＝可愛さ余って憎さが百倍」（Love is never without jealousy.）はどうでしょう。このことわざは、先に述べた特徴を一つも備えていません。
　このように、特徴のないごく普通のありふれた文でも、ことわざになり得る点が悩ましいところです。いずれにしても、「ことわざの特徴的要素」が多ければ多いほど、ことわざと認められる可能性が高い、ということに間違いはありません。
　たとえば、比較的新しい米国のことわざ、「人にはそれぞれのやり方がある＝十人十色」（Different strokes for different folks.）が、

国内で広く知られるようになったのは、ことわざの特徴的要素の多さに起因していると考えられます。

　その一方で、同じ構造をもつ「人にはそれぞれの権利がある」(Different rights for different people.)が、ことわざとして定着するかどうかは疑問です。おそらく、ことわざの意味する内容が一般の人々の生活感覚から遠いため、ことわざの特徴的要素が同一であるにもかかわらず、広まっていくことはないと思われます。

(5) 内的特性
　これまでに述べた外からの形式的かつ構造的なことわざの特徴的要素に加え、擬人化、誇張、パラドックス、比喩といった内的な特徴的要素も、ことわざに見出すことができます。以下によく知られている例を挙げてみましょう。

【擬人化】
・不幸は仲間を求める＝同病相哀れむ
　Misery loves company.
・空腹は最高の料理人＝空きっ腹にまずい物なし
　Hunger is the best cook.
・恋は錠前屋を嘲笑う＝恋は曲者
　Love laughs at locksmiths.[19]

【誇張】
・金持ちが神の国に入るより、ラクダが針の穴を通るほうが易しい
　It is easier for a camel to go through a needle's eye than for

---

19：恋する男はたとえ鍵を壊してでも女の所へ行く、という意味。シェイクスピアの物語詩に由来。

a rich man to enter into the kingdom of God.

【パラドックス】
・教会に近いほど、神からは遠ざかる＝坊主の不信心
The nearer the church, the farther from God.

【比喩】
　比喩的なことわざのみが真のことわざである、とする研究者もいるほどですから、その用例を示す必要はほとんどないと思われますが、まずは一般的な５句を挙げておきます。
・時を得た一針は九針の労を省く
A stitch in time saves nine.[20]
・新しい箒（ほうき）はよく掃ける＝今参り二十日
New brooms sweep clean.[21]
・光るものすべてが金とは限らず＝山高きがゆえに貴（たっと）からず
All that glitters is not gold.
・貰（もら）った馬の口の中を見るな＝貰う物は夏でも小袖
Don't look a gift horse in the mouth.（p.88参照）
・水差しは壊れるまで井戸へ行く＝奢（おご）る者は久しからず
The pitcher goes to the well until it breaks at last.[22]

　ところが、「正直は最善の策＝正直の頭（こうべ）に神宿る」（Honesty is the best policy.）や、「女の仕事は切りがない」（A woman's work is never done.）のように、誰でも知っていることわざのなかにも、比

20：（参考）「今日の一針、明日の十針」は明治時代の翻訳。
21：「新任者はよく働くが、すぐに怠け始める」という意味において比喩。
22：形ある水差しは結局のところ壊れる運命にあることから、①成功も失敗に終る。②悪事も露見する、という意。

喩とはいえない句は数多くあります。そうであるからこそ、ことわざにとっての比喩は重要な特徴的要素で、鮮やかなイメージ力がその持ち味になっているのです。

「鋤(すき)は鋤と呼べ＝歯に衣(きぬ)を着せぬ」(Calling a spade a spade.) のように比喩的に言葉を使うと、直接的に伝えるのではなく、間接的な表現によるコミュニケーションが可能となります。これにより、現実に起こっている個人的な状況であっても、比喩的ことわざに置き換えることで一般化され、婉曲(えんきょく)に伝わるのです。

もう少し例を挙げてみましょう。楽しみにしているイベントの前日、そわそわと落ち着かない子どもをたしなめる代わりに、さらっと「見つめている鍋は煮えない＝待つ身は長い」(A watched pot never boils.) と伝えることもできます。

また、一歩間違えば銀行のお金を使い込みそうな人を諫(いさ)めるには、「金銭欲は諸悪の根源＝金が敵(かたき)」(The love of money is the root of all evil.) が、ふさわしいことわざになります。さらに、「鉄は熱いうちに打て＝好機逸すべからず」(Strike the iron while it's hot.) であれば、大きな決心をしなくてはならない人に対する激励の言葉になるでしょう。

このような比喩的ことわざの使い方について、ケネス・バークは以下のように述べています。

　ことわざは状況に対処するための戦略である。ある一定の社会構造において、繰り返し見られる典型的な状況に対し、人々は名称をつけて対処する戦略を立てる。この戦略とは人々がとる姿勢と言い換えることもできるだろう[23]。

23：解釈が異なれば戦略という心の姿勢も変わり、それに応じて相反する意味をもつことわざも使い分けられる、ということ。

また、ピーター・サイテルは、比喩の重要性に関する論文、『ことわざ：比喩の社会的使用』(1969) において、実際に使われることわざは、社会生活を営むなかで常に起こる状況を言い表している、という点を強調しています。

　社会的環境にマッチしたことわざであるからこそ、受け入れられるのです。言い変えると、現実生活に当てはめにくいことわざは、一般的には意味がないということになります。

　このことから、複雑な疑問が生じます。それは、ことわざのすべてを多様な状況に照らして検証しなければならないのではないか、ということです。

　このような状況を踏まえたB・K・ギムブレットは、一般的な英米ことわざを採り上げ、その多様な解釈と用法について、次のような調査報告を行っています。

　具体的には、有名な「転がる石に苔むさず」(A rolling stone gathers no moss.)（p.21、p.37参照）の意味を、テキサスの学生80名に尋ねたところ、次の3種類に大別できる答案が返ってきた、と言うのです。

①動き続け、錆び付いたり壊れたりしない機械のこと。
②動き続け、腰を落ち着けることがないので、どこにも到達できない人のこと。
③動き続けるので自由であり、家庭や物質的な所持品の重荷を背負うことなく、そう簡単には型にはまらない人のこと。

　比喩ことわざの解釈が、受け取る人によってこれほどまでに異なってしまうのはなぜなのでしょう。ギムブレットは比喩に多様な解釈が生じる原因について、以下の4つの要因を挙げています。（訳注：異なる解釈例を⇔で対比した）

①個人の異なるイメージで解釈するため
　（例：石のローラー ⇔ 小川の石）
②型にはまった一般論として解釈するため
　（例：動いた方が効率的である ⇔ 安定していた方が実質的に得である）
③世間一般の評価に基づいて解釈するため
　（例：実質的に得をすることには価値がある ⇔ 実質的に得をすることには価値がない）
④ことわざを使う人の信条には関係なく、ことわざが使われている状況によって解釈が変わるため
　（例：安定している人を肯定したい ⇔ 否定したい。放浪している人を肯定したい ⇔ 否定したい）

　このように、比喩の解釈には複数になる可能性があります。逆に言えば、私たちがさまざまな状況のなかでことわざを自在に活用できるのは、そこに比喩が存在するお蔭である、ということになります。

(6) ことわざの不定性

　解釈が複数になるもう一つの理由として、エストニアのアルヴォ・クリークマンは、次の3要素を上げています。これらを「意味の不定性」と呼び、考慮すべき要点であると繰り返し述べています。

①ことわざがおかれている多状況性
②ことわざがもつ多機能性
③ことわざがもつ多義性

　これらの特性からみると、ことわざの意味はそれぞれの社会的な状況に応じて、個別に分析されなければならない、ということになりま

す。

　先にも述べたように、ことわざは社会的状況のなかで成り立っています。換言すれば、ことわざは人々がもつ関心事を伝えるために使われてきた伝承的な言葉なのです。

　ことわざを使えば、言いたいことを強調し、個別の事柄を一般化して表現できます。人に影響を与えたり、巧みに自分を正当化できるだけでなく、ステレオタイプである行動パターンに疑問を投げかけたり、ばかげた状況をからかうこともできます。

　このように、ことわざの使い道に制限はありません。数多くあることわざのなかから、状況に応じて選べることを考えれば、人生のありとあらゆる場面をぴたりと言い表す句が必ず見つかるはずです。

（7）ことわざの核心

　比較的新しい研究においては、ことわざは形を変えていることが報告されています。私たちはいつもことわざの全文を引用するわけではありません。というのも、ことわざの一部を引用するだけで、そのメッセージは十分に伝わるからです。

　「早起きの鳥は虫を捕る＝早起きは三文の得」（The early bird catches the worm.）を思い浮かべてもらいたいときには、「ほら、『早起きの鳥』はなんとやら、というでしょ。」とか、「『早起きの鳥』を忘れちゃだめだよ。」などと言うことがあります。

　また、ユーモアや皮肉、語呂合わせを楽しむためにことわざの一部を変えて使うことも、多くの人が経験してきたのではないでしょうか。ことわざの定型は、手を加えてはならない聖域ではないのです。

　ニール・ノリックはこの点について、「よく知られていることわざであれば、認識されやすい重要なフレーズを用いるだけで、ことわざ全体を呼び起こすことができる。」と指摘しています。そして、この認識を呼び起こす最小限の単位を「ことわざの核心」と呼んでいます。

つまり、ことわざは完全に固定化されたり凍結されるものではなく、現実にはさまざまな状況や目的に合うよう、姿を変えながら生きている言葉だったのです。

(8) ことわざの分類

ことわざはたとえば、身体、愛、仕事、友情、死などに大きく分類できます。しかし、あるカテゴリーに分類されたからといって、ことわざの用途が一つの枠に制限されるわけではありません。

「一つの頭より二つの頭＝三人寄れば文殊の知恵」(Two heads are better than one.) には、頭という単語が含まれるので、身体に関するグループに入ります。しかし、二人で一緒に作業する（互いに知恵を出し合う）方が、一人で行うよりもよりうまくいくという意味でも使われており、協力という新たな分野を見出すこともできるでしょう。

このように一筋縄ではいかない分類ですが、最近ではことわざの内容によって、その特徴ごとの大まかな分類が話題に上っています。そのなかで、比較的よく使われる分類に、天気ことわざ、法律ことわざ、医学ことわざなどがあります。

① 天気のことわざ

民俗学者のなかには、天気ことわざと呼ばれている短句はことわざではなく、ことわざっぽい文体で表現された俗信である、と言う人もいます。

それにもかかわらず、文字通りの意味ではなく、比喩的に使われている句、「雷は同じ場所には二度落ちない」(Lightning never strikes twice in the same place.)、「日の照るうちに干し草を作れ＝好機逸すべからず」(Make hay while the sun shines.) は、ことわざとして認識されています。

では、「夕焼けは船乗りの喜び」(Red sky at night, sailor's delight.) はどうでしょうか。この句のように地域的な天気の兆候に関して使われている短句は、比喩ではなく文字通りに解釈されることから、実際のところはことわざとは認められない、と考えるのが妥当でしょう。

② 法律のことわざ

「買い主が注意せよ＝安物買いの銭失い」(Let the buyer beware.)[24]、「占有は九分の勝ち目＝預かり物は半分の主」(Possession is nine points of the law.)[25]、「沈黙は同意を意味する」(Silence gives consent.) などは、ことわざとして引用できると考えます。

③ 医療のことわざ

この分野では、「1日1個のりんごは医者を遠ざける＝柿が赤くなると医者が青くなる」(An apple a day keeps the doctor away.)、「風邪には大食、熱には絶食」(Stuff a cold and starve a fever.)、「夜半前の1時間の睡眠は、夜半後の2時間分に値する」(An hour's sleep before midnight is worth two after.) といったことわざを挙げることができます。

しかし、「暖冬の年は墓場が賑わう」(A green winter makes a fat churchyard.) は根拠に乏しいことから、ことわざではなく俗信と言うべきでしょう。

上記の例を見ても明らかなように、辞典にはさまざまな職種にまつわることわざが収載されています。したがって、その他の職業にもそ

24：代金を払ってからの責任は買い主にあることから、注意して買うべし、ということ。
25：法律上の所有権により、実際に所有・占有している方が有利である、という意味。

れにふさわしいことわざが存在することは言うまでもありません。

(9) 今後のことわざ研究

一見すると単純に見えることわざも、非常に複雑な口承文芸の一つであることがお分かりいただけたものと思います。これまでに試みられたことわざの定義は、すべてのことわざにぴったりと当てはまる文言ではありません。これはことわざだが、あれは違うと、明確に判断できる定義はまだ見つかっていないのです。

伝承性の側面（一定期間における一定範囲の普及性を含む）を採り上げても、一つひとつのことわざを調査して立証しなければならず、すべてを網羅した完璧な定義付けができていないのが現状です。

このように言いながらも、「ことわざ性」を構成する要素については、それなりのイメージが共有されています。ですから、困難ではありますがさまざまな「ことわざの特徴的要素」を個別的に検討することによっては、「ことわざとは何か」についての妥当な結論に導くことができるものと考えています。

そこで、今後の指針となることに期待を込め、ことわざ研究の可能性に関するこれまでの見解を三つほど紹介してみましょう。

① テイラーの視座

アーチャー・テイラーはことわざか否かを判断するには、「言葉では言い表すことができない性質」が含まれているか否かが手掛かりになる、と論じています。私、ミーダーは、英米語圏のことわざに関するこの見解に同意しています。

定義化を試み続けることによってさらに理解が深まることから、より緻密な定義をつくろうとする知的作業は、今後も続けていくことが大切だと考えています。

② ギャラチャーの視座

　もうひとつ、私たちの恩師であるスチュアート・ギャラチャーが、1959年にうまくまとめた定義を紹介しましょう。

　　ことわざは、明らかな真理を簡潔にまとめた表現であり、人々の間で普及している（過去に普及していた、または今後において普及するであろう）言葉である。

　括弧内の「過去に普及していた、または今後において普及するであろう。」という文言は、後から私たちが付け加えた見解です。
　この付加表現は、ことわざは現れては消えるという特性をもつ言葉なので、人々が共感できなくなったメッセージなど、時代遅れのことわざは忘却の彼方へと消えていったという事実を補ったものです。同時にそれは、現代の道徳や価値観を反映することわざが新しくつくられている、ということを念頭においた史実を含んでいます。

③ 生々流転することわざ

　「首つりになるのも妻を娶(めと)るのも、運命のなせるわざ」（Hanging and wiving (wedding) go by destiny.）という古い英語のことわざがあります。しかし、世間で口にされることがなくなり、使われなくなったことわざとして文献のなかに存在するのみです。
　これに対し、愛する人と離ればなれになっている時の心情はいつの時代においても変わらないことから、「会えなければ恋しさがいっそう増す＝遠ざかるほど思いが募る」（Absence makes the heart grow fonder.）は、今後も使われるものと考えられます。
　そして、「自分のカヌーは自分で漕げ＝自分の頭のハエを追え」（Paddle your own canoe.）、「人にはそれぞれのやり方がある＝十人十色」（Different strokes for different folks.）、「ゴミを入れれ

ばゴミが出てくる」（Garbage in, garbage out.）（p.143参照）といった比較的新しいアメリカのことわざも、将来にわたり生き残る可能性が高いと感じています。

　今後も、このような新しいことわざがつくり続けられることは間違いありません。このような新しい英米語のことわざが、どのように生き延び、どのようなかたちでアメリカや英語圏のコミュニケーションを豊かにしていくのでしょうか。

　これらを明らかにするのは、若いことわざ収集家やことわざ研究者のこれからに委ねられているのです。

Children and Proverbs
Speak the Truth

第 **7** 章

マスメディアに見ることわざ

1　バーリントン・セービング銀行の広告

- The early bird gets the worm.
  早起きの鳥は虫を捕る＝早起きは三文の得
- A stitch in time saves nine.
  時を得た一針は九針の労を省く（p.150参照）
- A penny saved is a penny earned.
  １ペニーの節約は１ペニーの儲け＝塵も積もれば山となる

（訳注：将来と成功に向けたプランを練るために今行動を起こそう、将来のための計画の一部は貯蓄に回そう、と促す銀行の広告。）

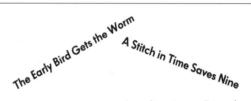

2 「芝生はいつも青い」を用いた記事

・The grass is always greener.
（垣根の向こうの）芝生はいつも青い＝隣の柿は赤い（p.217参照）

　シェルバーンの馬が垣根越しに草の味見をしている金曜日。今日も晴天で寒い一日になるでしょう。
　（訳註：下段の文言には完成形となる「垣根の向こうの…」"on the other side of the fence."が補われている。）

3　パーカー万年筆の広告

・The pen is mightier than the sword.
　ペンは剣よりも強し＝文は武に勝る

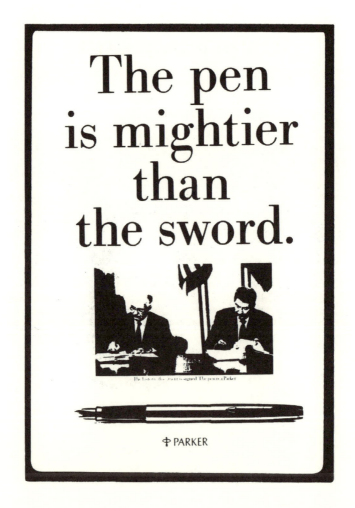

第7章　マスメディアに見ることわざ

4　トヨタ自動車の広告

・It takes two to tango.
　タンゴを踊るには二人要る＝片手で錐はもまれぬ

　だからトヨタは新型ツードア、カムリ・クーペを製造しました。

165

5 マクドナルドの広告

・Different strokes for different folks.
　人にはそれぞれのやり方がある＝十人十色

6　フォルクスワーゲンの広告

・A pfennig saved is a pfennig earned.
　1ペニッヒの節約は1ペニッヒの儲け＝塵も積もれば山となる

（訳注：pfennigはドイツの旧貨幣単位。フォルクスワーゲンはドイツの自動車メーカー。A penny saved is a penny earned. のペニーをペニッヒに掛けたパロディ。p.162参照）

7 アップルコンピュータに関する記事

・The apple doesn't fall far from the tree.
　りんごは木の遠くには落ちない＝蛙の子は蛙

第7章 マスメディアに見ることわざ

8　イラスト

・Time flies.

　時は飛び去る＝光陰矢の如し

楽しんでいるか否かは別として。

9　イラスト

・Garbage in, garbage out.
　ゴミを入れれば、ゴミが出てくる＝身から出た錆(さび)

（訳注：絵は stardust：星屑(ほしくず)をイメージしているものと思われる。p.143参照）

Tony Auth

第7章 マスメディアに見ることわざ

10　漫画

・There's no easy way to tell you this, Mr. Jagger… I'm afraid you're gathering moss …
お伝えするのは心苦しいですが、ジャガーさん、(舌に) 苔が生えているようです…

(訳注：ロックバンド；ザ・ローリングストーンズ（The Rolling Stones）のミック・ジャガーが検診を受けている。「転がる石に苔むさず」 A rolling stone gathers no moss. のパロディ。p.21、p.37参照)

11 漫画

・Well, if ya can't teach an old dog new tricks, maybe you should get a new dog!
老犬が新しい芸を覚えないなら、新しい犬を飼ったらどうかね

（訳注：「老犬に新しい芸は仕込めない＝年寄れば愚に返る」 You cannot teach an old dog new tricks. のパロディ。）

第7章　マスメディアに見ることわざ

12　スヌーピーの漫画

I'm inclined to agree with you, Charlie Brown.
君の意見には賛成したいと思うよ、チャーリー・ブラウン

But on the other hand we must be cautious in our thinking …
でもその一方で、自分の考えには注意した方がいいな …

・We must be careful not to "throw out the baby with the bath."
大切なことまで切り捨ててしまわないように

Please pardon the expression.
表現がまずくてごめんね

（訳注：「湯水と一緒に赤ん坊を流すな＝角(つの)を矯(た)めて牛を殺す」Don't throw out the baby with the bath water. のパロディ。）

13 漫画

- April showers bring May flowers!
  4月のにわか雨は5月の花を運んでくるわよ
  Yeah well …
  そうはいっても…
- Spring rain gives me a royal pain!
  春の雨はイライラも運んでくるね

14 漫画

- An apple a day keeps the doctor away.
  1日1個のリンゴは医者を遠ざける＝柿が赤くなると医者が青くなる
  Splat. ドスン

15　漫画

・I think I'll go give Gregory a hug.
　そうだ、グレゴリーのところへ行ってハグしてあげよう

（訳注：壁掛には「己が欲するところを人に施せ＝己の欲せざる所は人に施す勿れ（論語）」 "Do unto others as you would have them do unto you." が見える。）

16 漫画

Stop lookin' at it, Jeffy.
ジェフィー、それ（鍋）は見なくていいよ

・Grandma says a watched pot never boils.
「見つめている鍋は煮えない＝待つ身は長い」って、おばあちゃんが言ってるじゃない。

17　漫画

　Up and at 'em, tiger.
　がんばって起き上がれ
・The early bird gets the worm.
　早起きの鳥は虫を捕る＝早起きは三文の得
　Up, sluggard, and waste not life.
　起きろ！怠け者　人生を無駄にするな
・Early to bed, early to rise, makes a man healthy, wealthy and wise.
　早寝早起きは人を健康にし、富ませ、賢くする＝早起きは三文の得
　He who gets up early is a blooming fool.
　早起きするやつは大バカだ
　I knew if I tried long enough I'd find one I liked.
　ちゃんと時間をかければ、どれか一つぐらいはお気に入りの句が見つかるだろう

18　イラスト

Assertiveness Training：自己表現訓練
　（訳注：「大きな魚が小さな魚を食う＝弱肉強食」 Big fish eat little fish. の挿絵によるパロディ。最も小さな魚だけが大きな魚に歯向かっている。）

19　イラスト

　（訳注：「大きな魚が小さな魚を食う＝弱肉強食」 Big fish eat little fish. の壁掛。権力者を象徴している。）

Children and Proverbs
Speak the Truth

第**8**章

現代ことわざ研究の再考

1　ことわざ研究研修会でのスピーチ

　1999年8月25日～27日、ペンシルバニア州ブリンマーのグレッグ・コンファレンスセンターにおいて、「ことわざ研究研修会」が開催されました。さまざまな研究・教育チームが参加したこの会はたいへん充実したものとなり、高い評価を受けました。

　まず研修会では、各チームが教育研究計画等を発表し、内容、手順、実行の可能性といった諸問題について議論しました。それぞれの教員が授業を始める前に、この集会で互いの計画について意見交換でき、大きな成果を収めることができました。

　研究会のゲストスピーカーとして招かれた私、ミーダーは、「現代ことわざ研究の概要」というテーマで話しました。以下に、その要約と参考文献を紹介しておきます。

2　ことわざ収集（Paremiography）と　　ことわざ学（Paremiology）

　ことわざ研究の現状を話すには、今後の課題を説明するとともに、当然ながら過去の業績を振り返らなくてはなりません。

　ことわざに対する人々の関心は、突き詰めると古代シュメール人がクサビ型文字で記した石盤や、アリストテレスの哲学書にまで遡る(さかのぼ)ことになります。

　その後、エラスムスやロッテルダムといったルネッサンス期の研究者、アーチャー・テイラーなどの民俗学者が、過去の研究を礎としてことわざ研究の新たな分野を築きました。

　ことわざ研究には大きく分けて二つの側面があります。一つが「ことわざ収集（Paremiography）」、もう一つが「ことわざ学（Paremiology）」です。いずれにおいても個々に素晴らしい業績がありま

すが、元来この二つの分野はコインの表裏にすぎないことから、この両面が調和したレベルの高い研究も見られます。

ことわざという伝承された言葉を見つけ出し、さまざまなタイプに分類してまとめることは重要です。加えて、話し言葉や文字による言語行為、つまりことわざを解釈して活用することも、収集・分類に劣らず大切です。ですから、ことわざ研究ではこの両者が常に意識されてきました。

3 ことわざ研究の年鑑『プロバビウム』(Proverbium)

これからお話しすることは、現代ことわざ学の過去を振り返りますが、これはことわざ学の表面に触れる程度に過ぎません。このことを前提にして、今後のモデルとなる最近のことわざ研究を紹介しながら、過去から現在までの主要な問題点、将来において研究されるべき論点にシフトして話したいと思います。

ところで、ことわざ研究という茫洋（ぼうよう）とした分野に足を踏み入れる前に、触れておきたいことがあります。それは、地球上のあらゆるところで、ことわざに対する強い関心が寄せられている、ということです。このことは、ミーダーが編集する国際的・国内的文献リストと年鑑『プロバビウム』(Proverbium)において、十分に証明されています。

プロバビウムには、ことわざに関心をもつ数多くの研究者から寄稿された論文、ことわざ集、文献リスト、書評、報告書などの貴重な研究成果を掲載しています。

そして、今後もこの年鑑を発行することで、地域や国内の研究は言うまでもなく、国際的なことわざ研究の成果を発信するつもりです。これにより、国際比較を主体とした、共時的かつ通時的[26]な最高レベルのことわざ研究を推進することができる、と考えています。

4　20世紀の名著

　次に、現代ことわざ学のこれまでの業績と今後において何が必要とされるのか、という問いに答えることにします。

　幸いなことに、国際ことわざ学研究に大きな影響力をもつ一冊の文献があります。この本は「古典」とみなされるもので、未だにこれを超える著作は出ていません。ことわざ研究にバイブルがあるとすれば、どんな比較基準をもってしても、この本以外にはないでしょう。

　言うまでもなく、私がお話ししているのはアーチャー・テイラーの『ことわざ』(1931年) のことです。国際的に名高い米国の学者であるテイラーが著したこの本は、223ページと短い概論書でありながら、ことわざという広くて奥深い研究分野のすべてが網羅されています。

　まさに、ことわざを研究する世界中の学者や学生たちを60年以上にわたって導いてきた名著であり、今後の研究に関する提案や課題が豊富に掲載されている点においても貴重です。

　この本の第1部には、ことわざの起源について書かれています。その各章では、①定義の問題、②比喩的ことわざ、③ことわざの種類、④バリエーション、⑤物語に基づいたことわざ、⑥ことわざと民族詩歌 (folk-verse)、⑦ことわざと文学、⑧翻訳借用ことわざ (p.132参照)、⑨聖書のことわざ、⑩古典のことわざが採り上げられています。

　第2部では、ことわざに込められている、①慣習や俗信、②歴史的ことわざ、③法律に関することわざ、④ステレオタイプ等に関することわざ、⑤天気のことわざ、⑤医学のことわざ、⑥決まり文句、⑦俗諺が記載されています。

26：共時言語学（フランス）linguistique synchronique。ある言語の一定時期における姿・構造を体系的に研究するもの。
　通時言語学（フランス）linguistique diachronique。時間の流れにそって変化していく言語の諸相を研究しようとするもの。ソシュールの提唱による。

第 3 部には、ことわざに見る一定の形式、①韻律、②比喩、③擬人化、④対句法、⑤脚韻、⑥語呂合わせ等が掲載されています。また、この他にも、⑦対話のことわざ、⑧警句のことわざ、⑨国民・民族の特徴、⑩倫理的価値、⑪下品なことわざ、⑫欧州文献に見られることわざの書評が載せられています。

最後となる第 4 部は 3 つの章からなり、①ことわざの言い回し、②ウェラリズム（wellerism）（訳注：よく知られた文句をおもしろく援用すること）、③ことわざの国際比較に当てられています。

同書には多くの言語による用例や、豊富な参考文献リストが含まれています。加えてなお、テイラーは初版の 3 年後に、105 ページからなる『ことわざ索引』（1934）を発表し、1962 年および 1985 年の『ことわざ』の再版時に追加して載せています。この本は、世界中にある研究図書館やことわざ研究者の本棚には、必ず置かれているほどに重要視されています。

このようにして、ことわざ学は 1930 年代の米国において、ことわざ研究の最長老であるテイラーの功績により大きく開花しました。また、テイラーの友人であり共著者でもあったバーレット・J・ホワイティングは、20 世紀の第 2 四半期におけることわざの収集家・研究者として頭角を現しました。

彼が著した『ことわざの起源』（1931）、『ことわざの性質』（1932）、『ことわざの調査に関する基礎的な研究』（1939）は、『夕方の歌と朝の歌が一致するとき：ことわざに関する 3 つの論文』（1994）というタイトルの本として、ジョセフ・ハリスと私が編集しました。

また、テイラーならびにホワイティングによることわざの複雑性に関する考察は、数十年前のものにもかかわらず、今日もなお高く評価されています。

世界中のことわざに関する文献をみると、この 2 人の偉大な学者に対し、何らかのかたちで敬意を表した内容が、必ず含まれているほど

です。この2人が、今後ともに国際ことわざ学のリーダーであることに、疑う余地はないでしょう。

　この他にも、ことわざ研究に取り組んでいる数多くの優れた学者、同僚、友人が世界各地にいますが、残念ながら全員を紹介することはできません。しかし、少なくとも主要文献については、簡単な紹介文を添えて、最近の主要な動向の一部でも要約してみようと思っています。同時に、将来に向けた研究課題にも焦点を当ててみたいとも考えています。

5　ことわざの定義：再考

　古代から現代にかけて、多くの研究者がことわざの定義付け問題を解決しようと試みてきました。実際、アーチャー・テイラーの『ことわざ』に見られる論述は、そのすべてがことわざ定義の試みとなっています。さらに、ノリックの貴重な著書、『ことわざが意味すること：英語ことわざの意味論的研究』(1985) についても、基本的には同じことが言えます。

　その他にも名著はありますが、なかでもアロラの論文は、ことわざ研究に大きな影響を与えました。アロラは、『ことわざの性質に関する一般的な考察』のなかで、ことわざは伝承性、普及性、反復性、文法または構文上の特徴、比喩、意味上の特徴的要素（対句性、パラドックス、アイロニー等）、語彙標識（古語等）、音声標識（脚韻、韻律、頭韻等）によって成り立っていると論じています。そして、文中に含まれるこうした特徴的要素が多ければ多いほど、ことわざと認識される可能性が高くなる、と続けています。

　また、P・グルツィベック等は、「ことわざ研究者は、文献に記されていることわざと、会話で使われていることわざのなかから、その時点においてネイティブスピーカーに知られている句を実証的に研究

しなければならない」と述べています。つまり、さまざまな構造モデルをもとに、机上のみでことわざを定義するのでは不十分であることを指摘しているのです。

実際問題として、一般的に知られ、今後も継続的に使われるであろうことわざのリストを作成するには、質問の仕方やそれに伴う高度な統計分析を活用した、デモグラフィック分析（人口統計学的属性分析）[27]をベースにすべきである、としています。

また、ミーダーが論じた、『いつでも役立つことわざ：よく引用される現代の叡智』(1993) は、現代において新しく創られたことわざを研究する際にも役立ちます。このような新ことわざの研究には、高度なテクノロジー社会から伝統的な農村生活が続けられている地域まで、世界規模でのフィールドワークが期待されます。

ところで、ことわざを研究するには、ことわざが使われている多様な場面（多状況性）、さまざまな働き（多機能性）、色々な意味（多義性）を吟味する必要があります。そのためには、伝統的に話されている言葉に共通する思考の枠組や単語の組み合わせといった、構造的側面に着目することが求められます。

このような研究は、C・ネグラヌが『ルーマニア語のことわざの構造』(1983) で述べるように、ことわざの言語学的側面や文化的記号といった記号論的側面からの価値を高めることになります。

6　フレイジオロジー（Phraseology）

D・クラムが論文『ことわざの言語学的状況』(1983) で明らかにしたように、言語学的見地からのことわざ研究にも見るべき点があり

---

[27]：性別、年齢、住んでいる地域、所得、職業、学歴、家族構成など、社会経済学的特質のデータ分析。

ます。

　さまざまな教育機関の言語学者がことわざの言語、文法、構造、および形式の調査を行ってきたなかで、現在ではフレイジオロジー（phraseology）と呼ばれるまったく新しい領域が誕生しています。

　フレイジオロジーとは定型表現または文節単位を意味し、ことわざ、ことわざ表現、慣用句、イディオム、対句などの言葉遣い（文体）を研究する分野で、今後の発展が期待されます。

7　ことわざの曖昧性

　ことわざの意味論的研究においては、「曖昧性」という厄介な問題が尾を引いています。言語学者や民俗学者は、ことわざの特性は意味が曖昧なことである、と繰り返し説明してきました。

　この曖昧性は、さまざまな文脈のなかで異なる解釈が生じるということを意味しています。さらに、ことわざは比喩によって類推を促す機能を有することもあるため、意味の理解がいっそう複雑になってくるのです。

　したがって、ある特定の状況において、使われていることわざの意味を理解するには、ことわざは複雑なことを一言で表現する言葉である、ということを念頭におかねばなりません。多義的で曖昧なのがことわざの本質ですから、解釈は文脈に基づく類推に委ねなければならない場合が多くなっているのです。

　ことわざの意味と目的が最も分かりやすいのは、日常生活のなかで実際に使用されているときです。一見すると単純なように見えながらも複雑な構造をもつことわざが、どのような意味で使われているのかを見極めるためには、以下の3つの項目について、さらなる研究を進めることが望まれます。

(1) 曖昧なことを端的に言い切る道具としてのことわざについて。
(2) ことわざの類推における曖昧性とパラドックスについて。
(3) 日常会話や文章などのコミュニケーションに見られる、ことわざの社会文化的な使用状況について。

8　対立することわざ

　ことわざを文脈のなかで考えると、「会えなければ恋しさがいっそう増す＝遠ざかるほど思いが募る」（Absence makes the heart grow fonder.）と、「見えなくなれば忘れられる＝去る者は日々に疎（うと）し」（Out of sight, out of mind.）のように、真っ向から対立した意味をもつことわざが散見されます。

　この矛盾を煎じ詰めると、〈ことわざは普遍的な真実ではなく、むしろ特定の状況においてのみ通用する、限定的な人類の知恵である〉という結論に落ち着きます。この性質を「ことわざの一回性」と呼んでいます。

　K・ヤンカーが『ことわざは矛盾するのか』（1984）において述べているように、ことわざが使われている状況が考慮されていないときには、しばしばことわざの矛盾が指摘されてきました。もしことわざを文化的事実、または自明の理と限定して考えるのであれば、矛盾はどのことわざにおいてもすぐに見つかります。

　しかし、それぞれの状況のなかで個別に使われたとすれば、ことわざは社会生活を営むための手段として常に正しく、有効な役割を果たし得ます。通常の会話のなかで用いられることわざに矛盾はなく、話し手と聞き手の間では理にかなっている、と言えるでしょう。

　ですから、ヤンカーが『アカン族のレトリックのコンテクストにおけることわざ：ことわざの実践理論』（1989）で示したように、主張が対立することわざそのものを題材として論じるのではない限り、一

人が一定の状況説明のなかで、対立することわざを同時に使うことはありません。

9　文脈や背景を踏まえたことわざ研究

　現在、「ことわざは文脈や背景のなかで研究されるべきである」との指摘は、決まり文句と言ってよいほど定着しています。

　文化人類学者は、長い時間を費やして、文章という枠を超えた実生活のなかでのことわざ収集を行ってきました。そのなかで、個々のことわざがもつ特性がどのように使われ、どのような機能を果たしているのか、ということを論じてきました。

　一方、言語行動学者や用語論の学者は、特定の領域で使われる言葉を理論的に研究する観点から、ことわざを能動的言語コミュニケーションの一部だと捉えてきました。E・O・アレワやアラン・ダンダスは、こうした切り口による分析の基礎を構築した学者です。

　しかし、このような「行動」を軸とした研究は、論文として発表することはできても、ことわざが使われる状況を記した資料や注釈を含めた辞典として出版されることは、ほとんどありませんでした。その理由は、多くの出版社が、ページ数が多くなり過ぎ、興味をもつ読者も限定されてしまうと考えたからです。それにしても、事の重要性からして、このような状況が変わることを願わずにはいられません。

10　ことわざを用いた心理テスト

　心理学者や精神科医の関心事のなかに、知力、態度、適正、精神疾患などのテスト問題にことわざを用いる、ということがあります。

　これまでに考案されてきた「ことわざテスト」のなかで、もっとも普及しているのは「ゴーハムのことわざテスト」です。これはD・

R・ゴーハムが1956年に開発したもので、ことわざの比喩を理解することが難しい統合失調症の診断に用いることを目的としています。

ことわざを使った心理テストの分野では、子どもと大人、ネイティブスピーカーと非ネイティブスピーカー、ホワイトカラーとブルーカラーが、比喩をどのように理解するのかといった、心理社会言語学的研究も行なわれてきました。

このように、ことわざは精神科医によって精神障害の診断手段として使われ、そしてさらに、A・ブホファーなど心理言語学者の研究論文、『フレイジオロジー的ことばの組み合わせによる言語習得』（1980）に見るように、子どもの精神発達に関する研究、比喩の認知と理解に関する包括的な調査項目としても利用されてきました。（訳注：フレイジオロジーについてはp.185参照。）

また社会心理学者は、アルコール・薬物依存患者のグループ治療で使う標語（スローガン）として、ことわざを活用してきました。

このような研究からは、ことわざが心にどんな働きをもたらすのか、といった心理学的・社会学的な影響力について、多くのことを学ぶことができます。

11　ことわざのネガティブな側面

もちろん、ことわざには好ましくない側面もあります。初期のことわざ辞典のなかには、中傷やステレオタイプを表現したものも多く見られます。現実には、人種、宗教、性別、国籍、地域間にある差異には寛容になろうとする社会的な動きに反し、好ましくないことわざが今なお使用されていることは否定できません。

ダンダスは、『世界の抽象表現：民族性および国民性に関する民俗比較』（1975）のなかで、異なる国や文化に向けた中傷表現や、特定グループに対する好ましくないステレオタイプ（紋切型の通俗的表

現：blasons populaires）に関する優れた研究を発表しています。そこでは、ことわざに見る国民性、自民族中心主義、偏見といった人権に係わる問題が論じられています。

このような中傷表現を含むことわざが、罪なき人々に与える危険性とその被害状況を検証する研究は、今後も継続しながら啓発していく必要があります。

12　社会・歴史学から見たことわざ

　文献学者や民俗学者、文化歴史学者は、ことわざとその異形が生じた契機、歴史や普及の状況、意味の探求に向け、長期間にわたって心血を注いできました。これに対し、意外なことに社会学者や歴史学者は、ことわざにあまり関心を寄せてきませんでした。

　幸いにも現在では、その流れに変化の兆しが見えています。それと言うのも、ことわざがそれぞれの時代において、異なった社会階層の言動や世界観をどのように反映してきたか、という点に着目する学者が増えてきたからです。

　たとえばG・ボアスは、ラテン語のことわざと欧州言語を対訳し、著書『人々の声：ある概念の歴史に関する論文集』（1969）において、「人々の声、神の声」Vox populi, vox Dei（voice of the people, voice of God）を検証しています。

　さらに、アグバダの『イグボ族の歴史的ことわざの起源、意味、そして価値』（1990）も、この分野のことわざ研究として挙げることができます。この本は表題の通り、ナイジェリアの文化史を理解する上で貴重です。厳密には歴史書とは言えないでしょうが、植民地主義、戦争、その他の出来事への民俗学的視点からの解釈など、重要な情報が掲載されています。

　こうした歴史的事実がことわざに昇華したことにより、口承文化を

主にする社会においても、さまざまな出来事が人々の記憶に残るようになりました。

　また、歴史や社会的な状況のなかから多様なことわざを採り上げ、そこに内包される精神性や世界観が表現されていることに注目した論文もあります。それは、歴史学者がことわざを社会的叡智として研究している文学者、民俗学者、文化人類学者との共同研究を積極的に奨励してきた結果に他なりません。

　このように、それぞれの時代の道徳的な考えや世界観をどのように映し出しているかを知るためにも、世界各国の社会・文化・歴史の学者には、ことわざとその活用に関する研究を質量ともに充実させていくことが望まれています。

　伝承的なことわざには歴史的な物語がありますが、その背景をたどって意味を読み解くには、かなりの労力を要します。それにもかかわらず、物語として本にまとめられたことわざがあります。そのうちの１冊であるＭ・クーシの長編、『お天気雨の太陽』は、多くの研究者に影響を与えた名著だと言えるでしょう。

　また、クーシの『口語表現の世界史について』（1957）には、世界的に有名な「お天気雨のときには、悪魔が彼の祖母を殴っている」（When it rains and the sun shines the devil beating his grandmother.）ということわざの起源、歴史、地理的な普及範囲、そしてその異型についての調査結果が掲載されています。

13　ことわざの発生様態

　個々のことわざについての卓越した研究があるなかで、地域性や方言などの意味がはっきりしないことわざも数多くあります。当然のことながら、全世界に広まっていることわざについては、まだまだ課題が山積みにされているのが現状です。

こうした歴史的研究では、ことわざは特定の場所で単独で生まれた〈一元的発生〉がほとんどであるとされてきました。しかし、一般的なことわざについては、多少の差異はあるにせよ、それぞれの地域で独自に生まれた〈多元的発生〉の可能性も大いにあり得ます。
　たとえば、「大きな魚が小さな魚を食う＝弱肉強食」（Big fish eat little fish.）は、すべての欧州言語で見られる古典的なことわざですが、なぜアジアやアフリカ諸国では生まれなかったのでしょうか。
　その一方で、最新の国際ことわざ集には、まったく異なる言語においても、翻訳借用（p.132参照）のかたちで導入されたとしか思えないほどに、同じことわざが見受けられます。このような発生様態の解明についても、今後の比較研究が待たれます。

14　宗教に由来することわざ

　世界中にある宗教の聖典に由来することわざも、広範囲に普及しています。ことわざ誕生の原点として着目されてきた聖典に基づくことわざは、膨大な数にのぼります。このことから、宗教ことわざの相違点を明らかにするには、さらに多くの国際的な比較研究を進めていくことが必要です。
　たとえば聖書一つとっても、そこに見ることわざが布教活動を通じてアジア・アフリカの人々に与えた影響については、十分に知られていない分野として残されています。
　言うまでもなく、宗教ことわざが宗教教育の教材としても使われてきたことはよく知られています。宗教教育に限らず、教育全般を見渡しても、ことわざは教材として活用され、なかには一冊まるごとが伝承ことわざの教育的な価値に関する内容になっている本もあるほどです。

第8章　現代ことわざ研究の再考

15　学習教材としてのことわざ

　ことわざには教育にふさわしい叡智が含まれています。家庭教育はもちろんのこと、学校における言葉の教育や宗教的指導に活用される一方で、一般教養を学ぶ際の教材としても使われてきました。今後もことわざは現代社会、とくに家庭や学校において、大きな役割を果たしていくものと考えています。

　ことわざはある言語を母国語として話す人々が、共通してもつべき知識です。人間性や私たちを取り巻く社会に関する叡智と知識を伝えるのに、ことわざは非常に効果的です。

　しかし、過去には不幸な歴史もありました。アフリカの伝統教育におけるコミュニケーションについて研究しているボーテングは、アフリカで行われてきた西洋式教育が、アフリカ文化の伝承を目的とした教育を疎(おろそ)かにしてきたことを指摘しています。そのなかでとくに、寓話、神話、伝説、民話、ことわざに表現されている豊かな伝承文化を教育に回帰させることが必要である、と説いています。

　アフリカ社会においては、子どもだけでなく大人にとっても、短い言葉であることわざには民族の伝統、流儀、信条の正当性をこと細かに話し合うのと同等の威力がある、と言うのです。

　このような歴史的背景に謙虚さをもって向き合えば、ことわざの教材価値は、伝統的な社会やテクノロジーが発達した社会のいずれにおいても、決して輝きを失わないことが証明されることでしょう。

16　民俗学から見たことわざ

　ことわざの研究者は長い間、ことわざと口承民俗学との関係に興味を抱いてきました。古代ギリシャ語やラテン語で執筆していた作家たちは、寓話とことわざのどちらの分野が先に生まれたかについて論じ

てきました。

　元来この論議の発端は、寓話の最後に道徳的・倫理的なことわざの叡智を加えて内容を要約しているのか、それともことわざの解説として寓話を創ったのか、という疑問にありました。

　こうした研究を踏まえた現在においても、ことわざとなぞなぞ、ジョーク、民話、歌などとの関係については、さらなる研究を進めることが求められます。

17　文学のなかのことわざ

　文学研究におけることわざの使用法や役割に関する研究は、民俗学的な研究の視点と共通しています。

　初期の研究では、主に文学作品のなかで使われていることわざの注釈と、そのリストを作ることが中心でした。これに加え最近では、詩、演劇、散文に見られることわざの抽出と解釈についても、取り組みが進んでいます。

　ことわざの文献目録やシェークスピアなどの著名な作家に関する論文は数多くあります。しかし、既に世界中に存在する知名度が低い作家、とくに現代作家についても調査を開始する時期が到来していると言ってよいでしょう。

　今後は、文学作家が使ったことわざの出典調査のみならず、幅広い著述家や著名人の作品ついても研究を進めることが望まれます。著名な作家であるアチェベやシェークスピアについて新たな論文を書くよりは、たとえばゾラ・ニーレ・ハーストン、ガブリエル・ガルシア・マルケス、三島由紀夫といった未調査の作家について論考する方が、意義深い旨を指摘しておきたいと思います。

18　ことわざの図像解釈

　ことわざの図像解釈には長い伝統があり、文学の中のことわざ解釈とかなり似た背景が見られます。図像解釈の範囲は中世の版画、修道院や教会の椅子についたミゼリコード[28]、本の挿絵、エンブレム[29]、油絵、新聞、現代風刺画、アニメ、4コマ漫画、広告などの多岐にわたっています。

　オランダの画家ピーテル・ブリューゲル（1520年代-1569年）は、これまでにも多くの注目を集めてきました。彼はことわざをモチーフにした絵画を数多く手がけています。もっとも知られている作品は、油絵で描かれた「ネーデルラントのことわざ」（1559）で、一枚のキャンバスに100以上のことわざが絵として描かれています。

　この1枚の絵画をテーマとして著された書籍は数知れずあります。もちろん、多くの学者が注目するブリューゲルの研究は貴重ですが、今後は他の画家が描いた絵画にも着目することで、厚味のあることわざ図像学の歴史を確立していくことが大切だと思います。

　また、陶磁器、織物、金の延べ棒、庚申塔の石（3匹のサル）、コイン、切手、トランプといった、美術工芸品に託されたことわざ研究も忘れてはなりません。

　残念ながら現在のところ、ことわざとこのような芸術作品に関する研究分野には、普遍的な名称がありません。今後はこのことをも含めた研究の進展が期待される領域です。

28：聖歌隊の椅子の裏や、礼拝者が腰をかけるために作られた椅子の裏などに見られる彫刻。
29：標章、記章、紋章。特に、ブレザーの胸ポケットに縫いつける校章などのワッペン類や、自動車のボンネットにつけるメーカーのマーク、タペストリー（麻・ウール・絹などを用いて、絵や模様を織り出したつづれ織り、それを用いた壁かけ）など。

19 ことわざ学のこれから

　これまでに述べてきたことは、ことわざ学に関する疑問や課題を網羅するには至っていません。ですから、執筆を終えるにあたり、もう少し現代ことわざについて考えていることを述べておきたいと思います。

　ことわざ学者がことわざの活用について研究するとき、過去を振り返るのは当然です。しかし、私たちが生きている現在に見る伝承ことわざはもちろんですが、新しく生まれたことわざの活用法に関する研究調査も忘れてはなりません。

　大衆文化、マスメディア、文化的教養への関心が高まるなかで、現在まで生き延びてきた伝承ことわざ、20世紀以降につくられた新しいことわざ（訳註：新ことわざ、新作ことわざ、創作ことわざ、現代ことわざなどの呼び名が存在する。日本では創作ことわざが一般的。）についての資料収集が必要だと考えています。

　ことわざは、手を加えてはならない神聖なものではありません。現在では、パロディ化したり、ひねりを利かせて「楽しむ」などの広まりが見られます。こうしたユーモアたっぷりのパロディが多くの市民に受け入れられるなかで、スローガンや落書きといった社会や政治を風刺したことわざも人気を集めています。

　伝承ことわざを加工し、広告やマスメディア、政治演説のなかで使用もしくは誤用されてきた点ついては、すでに多くの研究がなされてきました。現代のさまざまなコミュニケーションのなかで、世界各地でつくられているアンチプロバーブ（anti-proverb）[30]は、研究への意欲をかき立てる魅力があり、世界中のことわざ学者が研究対象の一端としてきました。

　これらのことから言えるのは、現代ことわざ学には未知の研究テーマが数多く眠っているということです。ことわざは尽きることのない

研究分野なのです。

　ことわざは何世代にもわたって検証され、長い歴史に育まれた珠玉の知恵です。その知恵が私たちの日常生活や複雑な社会状況に対処するためのコミュニケーションを円滑にしています。ですから、ことわざがもたらす価値体系は、人が考えを巡らすときの基盤として揺らぐことはありません。

　そのなかで、ことわざの意味が社会状況に合わなくなれば、消滅したり状況に適応したことわざへと姿を変えてきました。「人にはそれぞれのやり方がある＝十人十色」（Different strokes for different folks.）が意図するように、自由な世界観を表したことわざがつくられ、新たな価値体系が構築されるのは必然だったのです。

　また、ことわざは常に教育的・規範的である必要はなく、風刺、皮肉、ウィットに富んでいてもよいのです。人類のあらゆる文化に数限りなく存在することわざは、いつも同じように使えるわけではありませんが、そうであるからこそ伝承されながらも新たに創作され、現実生活に役立つ宝物として生き続けているのです。

　過去を振り返ると、これまでに驚くような数のことわざ研究がなされてきました。そのお蔭で今後もことわざ学を積みあげていくことができます。

　現代ことわざ学は理論的な研究に留まらず、「どのように使われているか」ということも重視しています。このような視座をもつ現代こ

30：W・ミーダーは、「遊び心をもって、ユーモアや風刺的な言葉として発するために、伝承ことわざの叡智をパロディー化し、ひねりを加え、分解したもの」と定義。
　アンチプロバーブのアンチは、一般に理解されている単なる〈反対の、異議ある〉というという意味ではなく、ことわざ（プロバーブ）をパロディ化するといった、型にはまらない創作ことわざ・新ことわざを意味する。そこには、ことわざを愛するが故の革新的精神に基づく自由な発想がある。哲学における反哲学、知性主義における本来の意味である反知性主義、建築に見る反建築と同じ志向をもつ愛智（哲学）が認められる。

とわざ学からは、人の行動やコミュニケーションについての新たな志向性や関係性が生まれてくるはずです。

そして、さまざまな国のことわざ研究を再検討することにより、人々が思いやりをもち、正しい見識を基盤とした世界の秩序づくりに貢献できるものと考えています。

20　代表的なことわざの文献

（訳注：汎用性の高いと思われる文献を抽出し分類した。よって、小見出し名や番号は本章における見出し番号とは異なる。）

（1）20世紀のことわざ研究

・F・エドワード・フルム著『ことわざ伝承―多くの国々や人々によって表現されたことわざの類似性、対比性、トピック、意味、およびその他の側面、自明の理、および的を射た言い習わし』（1922年、再版1968年）[31]
・フリードリッヒ・ザイラー『ドイツ語ことわざ伝承』（1922年、再版1967年）[32]
・武田勝昭『ことわざのレトリック』（1992年）[33]

（2）ことわざの定義：再考

・アラン・ダンダス『ことわざの構造について』（1975年）[34]
・ブロニスラヴァ・コーダス『中国語現代ことわざ』（1987年）[35]

31：F. Edward Hulme. "Proverb Lore: Being a Historical Study of the Similarities, Contrasts, Topics, Meanings and Other Facets of Proverbs, Truisms, and Pithy Sayings, as Expressed by the People of Many Lands and Times" (1922; rpt. 1968)
32：Friedrich Seiler. "Deutsche Sprichworterkunde" (1922; rpt. 1967)
33：Katsuaki Takeda. "Kotowaza no Retorikku" (1992)（訳注：海鳴社刊）
34：Alan Dundes. "On the Structure of the Proverb" (1975)

- ヴォルフガング・ミーダー『ことわざの性質に関する一般的な考え』（1991年）[36]
- シャーリー・L・アロラ『ことわざ性の認知』（1984年）[37]
- ペーター・グルツィベック『記号論的ことわざ研究の基礎』（1987年）[38]
- ペーター・グルツィベック、クリストフ・クロースタ『実証ことわざ研究の基礎』（1993年）[39]
- グリゴリー・L・ペルミァコフ『ことわざから民話まで：クリシェ（定型表現）に関する一般理論』（1970年）[40]、英訳（1979年）[41]
- ペーター・グルツィベック、ヴォルフガング・アイスマン（編）『ことわざの記号論的研究』[42]
- ゾルタン・カンヨ『ことわざ―簡易形式の分析：詩が生まれてくる過程の研究』（1981年）[43]

(3) フレイジオロジー
- アレクサンドル・ジョルコフスキー『言語学、ことわざ学、そして詩が交差するところ』（1978年）[44]

35：Bronislawa Kordas. "Le proverb en chinois modern" (1987)
36：Wolfgang Mieder. "General Thoughts on the Nature of Proverbs" (1991)
37：Shirley L. Arora. "The Perception of Proverbiality" (1984)
38：Peter Grzybek. "Foundations of Semiotic Proverb Study" (1987)
39：Peter Grzybek and Christoph Chlosta. "Grundlagen der empirischen Sprichwortforschung" (1993)
40：Grigorii L'vovich Permiakov. "Ot pogovorki do skazki: Zametki po obshchei teorii klishe" (1970)
41：Grigorii L'vovich Permiakov. "From Proverb to Folktale: Notes on the General Theory of Cliché" (1979)
42：Peter Grzybek and Wolfgang Eismann. "Semiotische Studien zum Sprichwoerter"
43：Zoltan Kanyo. "Sprichwoerter-Analyse einer Einfachen Form: Ein Beitrag zur generativen Poetik" (1981)

・クラウス・ディーター・ピルツ『フレイジオロジー』（1981年）[45]
・ドミトリー・ドブロヴォルスキー著『国際言語学の対象としてのフレイジオロジー』（1988年）[46]

（4）ことわざの曖昧性
・バーバラ・K・ギムブレット『ことわざの意味に関する理論について』（1973年）[47]
・リチャード・P・ホーネック、C・T・キブラー『ことわざ理解におけるイメージ、比喩による類推、インスタンス化（具体化）の役割』（1984年）[48]
・アルボ・クリークマン『ことわざの外延的不定性について』（1984／1985年）[49]
・M・D・リーバー『類推的曖昧性：ことわざ使用のパラドックス』（1984年）[50]
・ケネス・バーク『文学形式の哲学：象徴的行動の研究』（1941年）[51]「生活道具としての文学—ことわざ—」[52]（訳注：上記の本に収載）
・ピーター・サイテル著『ことわざ：比喩の社会的使用』（1969年）[53]

44：Aleksandr K. Zholkovskii. "At the Intersection of Linguistics, Paremiology and Poetics" (1978)
45：Klaus Dieter Pilz. "Phraseologie" (1981)
46：Dmitrij Dobrovols'kij. "Phraseologie als Objekt der Universalienlinguistik" (1988)
47：Barbara Kirshenblatt-Gimblett. "Toward a Theory of Proverb Meaning" (1973)
48：Richard P. Honneck and Clare T. Kibler. "The Role of Imagery, Analogy, and Instantiation in Proverb Comprehension" (1984)
49：Arvo Krikmann. "On Denotative Indefiniteness of Proverbs" (1985/1985)
50：Michael D. Lieber. "Analogic Ambiguity: Paradox of Proverb Usage" (1984)
51：Kenneth Burke. "The Philosophy of Literary Form: Studies in Symbolic Action" (1941)
52："Literature [i.e., Proverbs] as Equipment for Living"（訳注：和訳、国文社）
53：Peter Seitel. "Proverbs: A Social Use of Metaphor" (1969)

（5）文脈や背景をふまえたことわざ研究
- エドワード・ウェスターマーク『モロッコの機知と叡智：現地語のことわざの研究』（1930年）[54]
- C・L・シブシソ・ニェンベジ『ズールー語のことわざ』（1963年）[55]

（6）ことわざを使った心理テスト
- ヴォルフガング・ミーダー『心理テストにおけることわざの使用』（1978年）[56]
- T・B・ロジャース『ことわざへの心理学的アプローチ：コンテクストの重要性に関する論文』（1986年）[57]

（7）ことわざのネガティブな側面
- O・R・デュエリングスフェルト『世界のタイトル』（1963年、再版1992年）[58]
- A・A・ロバック『国際中傷表現辞典』（1944年、再版1979年）[59]
- R・スピアーズ『スラングと婉曲表現』（1981年）[60]
- ヴォルフガング・ミーダー『ナチスドイツにおけることわざ：反ユダヤ感情とステレオタイプの普及の民俗学的研究』（1982年）[61]
- J・O・J・ヌワチュクウ-アグバダ『イグボ族の伝承ことわざに

54：Edward Westermarck. "Wit and Wisdom in Morocco: A Study of Native Proverbs" (1930)
55：Cryil L. Sibusiso Nyembezi. "Zulu Proverbs" (1963)
56：Wolfgang Mieder. "The Use of Proverbs in Psychological Testing" (1978)
57：Tim B. Rogers. "Psychological Approaches to Proverbs: A Treatise on the Import of Context" (1986)
58：Otto von Reinsberg-Dueringsfeld. "Internationale Titulaturen" (1963 and 1992)
59：Abraham A. Roback. "A Dictionary of International Slurs" (1944 and 1979)
60：Richard Spears. "Slang and Euphemisms" (1981)
61：Wolfgang Mieder. "Proverbs in Nazi Germany: The Promulgation of Anti-Semitism and Stereotypes through Folklore" (1982)

おける白人』(1988年)[62]
- ヴォルフガング・ミーダー『唯一の良いインディアンは死んだインディアンである：ことわざによるステレオタイプの歴史と意味』(1933年)[63]

(8)社会歴史学的視点から見たことわざ
- ドナルド・マケルヴィ『英国の都市産業地域の口頭伝承におけることわざの要素』(1965年)[64]
- ナタリー・Z・デイヴィス『ことわざの叡智とよくある間違い』(1975年)[65]
- ジェームス・オベルケヴィッチ『ことわざと社会史』(1987年)[66]
- ルッツ・ローリッヒ『ことわざ表現大辞典（全3巻）』[67]（1991年～1992年）

(9)宗教に由来することわざ
- セルウィン・G・チャンピオン『11の宗教とことわざ伝承』(1945年)[68]
- フィリップ・D・ンザンビ『聖書のことわざとコンゴのことわざ：Proverbia 25-29の研究とコンゴのことわざ』(1992年)[69]

62：J. O. J. Nwachukwu-Agbada. "Bekee (the white man) in Igbo Proverbial Lore" (1988)
63：Wolfgang Mieder. "The Only Good Indian is a Dead Indian: History and Meaning of a Proverbial Sterotype" (1933)
64：Donald Mckelvie. "Proverbial Elements in the Oral Tradition of an English Urban Industrial Region" (1965)
65：Natalie Z. Davis. "Proverbial Wisdom and Popular Error" (1975)
66：James Obelkevich. "Proverbs and Social History" (1987)
67：Lutz Rhorich. "Das Grose Lexikon der sprichwortlichen Rendensarten" (1991～1992)
68：Selwyn Gurney Champion. "The Eleven Religions and Their Proverbial Lore" (1945)

- ジェラルド・J・ワンジョヒ『ギクユ族の宗教的哲学とことわざレファレンス』（1993年）[70]
- アンブローズ・モニェ『ナイジェリアのアニオチャにおける神にまつわることわざの不足』（1989年）[71]
- ミヒャル・ヴルフ『教育的伝統のコンテクストにおけることわざ―ドイツ系ユダヤ人の例を使った解説―』（1990年）[72]

(10) 学習教材としてのことわざの活用
- ドゥミートル・スタンチウ『ことわざと教育における問題点』（1986年）[73]
- フェリックス・ボーテング『アフリカの伝統的教育：世代間コミュニケーションのツール』（1985年）[74]

(11) 民俗学からみたことわざ
- パック・カーンズ（編）『寓話の中のことわざ：寓話とことわざの関係に関する論文』（1988年）[75]
- ハインツ・ロレケ（編）『私がいつも聞く人々の表現』、『子どもとグリム兄弟のおとぎ話のなかのことわざ』（1988年）[76]

69：Philippe Dinzolele Nzambi. "Proverbes bibliques et proverbs kongo: Etude comparative de "Proverbia 25-29" et de quelques proverbs kongo" (1992)
70：Gerald J. Wanjohi. "The Gikuyu Philosophy of Religion with Reference to the Proverbs" (1993)
71：Ambrose Monye. "The Paucity of God-Based Proverbs in Aniocha [Nigeria]" (1989)
72：Michal Wulff. "Das Sprichwort im Kontext der Erziehungstradition: Dargestellt am Beispiel deutsch-judishcer Sprichworter" (1990)
73：Dumitru Stanciu. "The Proverb and the Problems of Education" (1986)
74：Felix Boateng. "African Traditional Education: A Tool for Intergenerational Communication" (1985)
75：Pack Carnes. "Proverbia in Fabula: Essays on the Relationship of the Fable and the Proverb" (1988)

・ガリト・H・ロケム『イスラエルの民話のなかのことわざ：構造的意味解析』（1982年）[77]

(12) 文学のなかのことわざ

・ヴォルフガング・ミーダー『ことわざと文学：国際参考文献目録』（1978年）[78]
・ヴォルフガング・ミーダー、G・B・ブライアン『世界の文学：参考文献目録』（1996年）[79]
・R・D・アブラハムス、B・A・バドコック『文学に見ることわざの使用』（1977年）[80]
・J・A・プフェファー『ゲーテのことわざ』（1948年）[81]
・コロンビ・マリア・セシリア『ドン・キホーテの格言集：引用と文献』（1989年）[82]
・M・ドンカー『シェークスピアのことわざのテーマ：「財産」としての「ことわざ」のための修辞的コンテクスト』（1992年）[83]
・G・B・ブライアン『黒い羊、赤いニシン、そして青い殺人：アガサ・クリスティーのなかのことわざ』（1993年）[84]

76：Heinz Rolleke, ed. "Redensarten des Volks, auf die ich inmmer horche", "Das Sprichwort in den Kinder und Hausmarchen der Bruder Grimm" (1988)
77：Galit Hasan-Rokem. "Proverbs in Israeli Folk Narratives: A Structural Semantic Analysis" (1982)
78：Wolfgang Mieder. "Proverbs and Literature: An International Bibliography" (1978)
79：Wolfgang Mieder, George B. Bryan. "World Literature: A Bibliography" (1996)
80：Roger D. Abrahams, Barbara A. Badcock. "The Literary Use of Proverbs" (1977)
81：J. Alan Pfeffer. "The Proverb in Goethe" (1948)
82：Colombi Maria Cecilia. "Los refranes en el Quijote: texto y context" (1989)
83：Marjorie Donker. "Shakespeare's Proverbial Themes: A Rhetorical Context for the "Sententia" as "Res" (1992)

- ヴォルフガング・ミーダー、ジョージ・B・ブライアン『ウィンストン・チャーチルのことわざ：ウィンストン・チャーチル卿の著作で引用されたことわざの索引』（1995年）[85]
- チヌア・アチェベ『アデレケ・アデーコのことばの馬、または文学理解のパラダイムとしてのことわざ』（1991年）[86]

(13) ことわざの図像解釈
- ヴォルフガング・ミーダー、ジャネット・ソビエスキー『ことわざ図像学：国際参考文献目録』（1999年）[87]
- アラン・ダンダス、クラウディア・A・スティッベ『比喩を混ぜる技法：ピーテル・ブリューゲル（父）「ネーデルラントのことわざ」の民俗学的解釈』（1981）[88]
- M・A・サリバン著『ブリューゲルのことわざ：人文主義の観衆のためのルネッサンス芸術』（1991年）[89]

(14) ことわざ学のこれから
- ナイジェル・リース『世紀のことわざ：20世紀の引用ことわざの背

84：George B. Bryan. "Black Sheep, Red Herrings, and Blue Murder: The Proverbial Agatha Christie"（1993）
85：Wolfgang Mieder and George B. Bryan. "The Proverbial Winston S. Churchill: An Index to Proverbs in the Works of Sir Winston Churchill"（1995）
86：Chinua Achebe. "Adeleke Adeeko's Words' Horse, or The Proverb as a Paradigm of Literary Understanding"（1991）
87：Wolfgang Mieder, Janet Sobieski. "Proverb Iconography: An International Bibliography"（1999）
88：Alan Dundes and Claudia A. Stibbe. "The Art of Mixing Metaphors: A Folkloristic Interpretation of the "Netherlandish Proverbs" by Pieter Bruegel the Elder"（1981）
89：Margaret A. Sallivan. "Bruegel's Proverb Painting: Renaissance Art for Humanist Audience"（1991）

景にある物語』(1984年)[90]
- ヴォルフガング・ミーダー『文学、政治、メディア、そして広告におけるドイツ語のことわざ』(1983年)[91]
- ヴォルフガング・ミーダー『いつでも役立つことわざ』(1993年)[92]
- ジェス・ニーレンバーグ『落書きの中のことわざ：伝統的叡智を嘲る』(1983年)[93]

---

[90]：Nigel Rees. "Sayings of the Century: The Stories Behind the Twentieth Century's Quotable Sayings" (1984)
[91]：Wolfgang Mieder. "Deutsche Sprichworter in Literatur, Politk, Presse und Werbung" (1983)
[92]：Wolfgang Mieder. "Proverbs Are Never Out of Season" (1993)
[93]：Jess Nierenberg. "Proverbs in Graffiti: Taunting Traditional Wisdom" (1983)

Children and Proverbs
Speak the Truth

第9章

使用頻度の高い英米ことわざ150

以下のリストには、英語による最も使用頻度の高い英米ことわざが記載されています。英米語文化圏でもっともよく知られる150句は、小学4年生には十分過ぎる数ですが、人格形成に相応しいことわざとして、教える際の引き出しになっています。
　授業では倫理、国連、科学・数学などの教科特性に応じて抜き出して活用しました。なお、これらの150句は新学期の初日に配布した「ことわざノート」の巻末に載せたものです。
　（訳注：記載はアルファベット順であるが、その順序はことわざの冒頭に見る頭文字ではなく、ことわざのキーワードの頭文字によるアルファベット順になっている。そこで、キーワードには下線を施し、見つけやすくした。また、該当する日本で汎用されていることわざがある場合は【類諺】と表記し、一行に収まる範囲で複数句を掲載した）

A

1. <u>Absence</u> makes the heart grow fonder.
   【直訳】会えなければ恋しさがいっそう増す
   【類諺】遠ざかるほど思いが募る／夜目遠目笠の内
2. <u>Actions</u> speak louder than words.
   【直訳】行動は言葉より雄弁である
   【類諺】不言実行／隗より始めよ
3. A soft <u>answer</u> turns away wrath.
   【直訳】優しい返事は怒りを鎮める
   【類諺】柔能（じゅうよ）く剛を制す／柳の枝に雪折れなし
4. An <u>apple</u> a day keeps the doctor away.
   【直訳】1日1個のりんごは医者を遠ざける
   【類諺】柿が赤くなると医者が青くなる
5. The <u>apple</u> never falls far from the tree.

【直訳】りんごは木から遠くには落ちない
　　【類諺】蛙の子は蛙／瓜のつるに茄子はならぬ
6．April showers bring forth May flowers.
　　【直訳】4月のにわか雨は5月の花を運んでくる
　　【類諺】──
7．Art is long and life is short.
　　【直訳】芸術は長く、人生は短し
　　【類諺】少年老い易く学成り難し／歳月人を待たず

B

8．Don't throw the baby out with the bath water.
　　【直訳】湯水と一緒に赤ん坊を流すな
　　【類諺】角を矯めて牛を殺す／仏を直すとて鼻を欠く
9．Beauty is in the eye of the beholder.
　　【直訳】美は見る人の目の中にある
　　【類諺】あばたもえくぼ／蓼食う虫も好き好き
10．Beauty is only skin deep.
　　【直訳】美しさは皮一重に過ぎぬ
　　【類諺】人は見かけによらぬもの
11．Early to bed and early to rise, makes a man healthy, wealthy and wise.
　　【直訳】早寝早起きは人を健康にし、富ませ、賢くする
　　【類諺】早起きは三文の得／早寝早起き病知らず
12．Beggars can't be choosers.
　　【直訳】乞食に選り好みはできない
　　【類諺】背に腹は代えられぬ
13．Better bend than break.

【直訳】折れるより曲がる方がまし
【類諺】柳の枝に雪折れなし／長いものには巻かれろ

14. A bird in the hand is worth two in the bush.
【直訳】手の中の一羽は藪の二羽に値する
【類諺】明日の百より今日の五十／先の雁より手前の雀

15. The early bird catches the worm.
【直訳】早起きの鳥は虫を捕る
【類諺】早起きは三文の得／朝起き五両

16. Birds of a feather flock together.
【直訳】同じ羽根の鳥は群れをなす
【類諺】類は友を呼ぶ／同じ穴の狢(むじな)

17. Once bitten, twice shy.
【直訳】一度噛まれると、二度目は用心深くなる
【類諺】羹(あつもの)に懲(こ)りて膾(なます)を吹く／蛇に咬まれて縄に怖(お)じる

18. You can't tell a book by its cover.
【直訳】表紙で本は判断できない
【類諺】人は見かけによらぬもの／山高きが故に貴(たっと)からず

19. Half a loaf is better than no bread.
【直訳】パン半分でもないよりはまし
【類諺】枯れ木も山の賑わい／蟻も軍勢

20. Don't cross the bridge till you come to it.
【直訳】橋に着くまでは渡るな
【類諺】暮れぬ先の提灯／杞憂
(訳注)「怪我をしないうちから泣くな」(Don't cry before you are hurt.) に同じ。無意味な心配や取り越し苦労はするな、という意味。

21. New brooms sweep clean.
【直訳】新しい箒(ほうき)はよく掃ける

【類諺】今参り二十日

（訳注）p.150参照

22. Business before pleasure.

　　【直訳】遊ぶ前にまず仕事

　　【類諺】──

23. Let the buyer beware.

　　【直訳】買い主が注意せよ

　　【類諺】安物買いの銭失い／急(せ)いては事を仕損じる

C

24. You cannot have your cake and eat it too.

　　【直訳】ケーキを食べたらそのケーキはなくなる

　　【類諺】二足の草鞋(わらじ)は履(は)けぬ／痛し痒(かゆ)し

　　（訳注）矛盾する２つのことを同時に実現することはできない、という意味。

25. Paddle your own canoe.

　　【直訳】自分のカヌーは自分で漕(こ)げ

　　【類諺】自分の頭のハエを追え／天は自ら助くる者を助く

26. When the cat's away, the mice will play.

　　【直訳】猫のいぬ間にネズミが騒ぐ

　　【類諺】鬼の居ぬ間に洗濯／鳥なき里の蝙蝠(こうもり)

27. A chain is no stronger than its weakest link.

　　【直訳】鎖はもっとも弱い輪で切れる

　　【類諺】金鎖(かなぐさり)も引けば切れる

　　（訳注）鎖の強さはもっとも弱い輪で決まることから、一つの欠点が全体の足を引っ張る、という意味。

28. Charity begins at home.

【直訳】愛は家庭から始まる

【類諺】──

（訳注）慈善活動はまず身近な家庭から始まる、ということ。そのあとに「しかし、そこで終わってはならない」(but should not end there.) と続く。

29. Don't count your chickens before they are hatched.
　　【直訳】ヒナがかえらぬうちにヒヨコの数を数えるな
　　【類諺】捕らぬ狸の皮算用／穴の狢を値段する

30. A burnt child dreads the fire.
　　【直訳】火傷をした子は火を恐れる
　　【類諺】羹に懲りて膾を吹く／蛇に咬まれて朽ち縄に怖じる

31. Children should be seen and not heard.
　　【直訳】子どもは人前に出しても、おしゃべりを聞いてやってはならない
　　【類諺】──
　　（訳注）子どもは大人の前では話しかけられるまで黙っているべきで、我ままを許してはいけない、という意味。

32. Cleanliness is next to godliness.
　　【直訳】清潔は神を崇（あが）めるに次ぐ
　　【類諺】──
　　（訳注）身体や服装を清潔に保つことは、神を敬うことに次ぐ美徳である、という意味。

33. Every cloud has a silver lining.
　　【直訳】どんな雲にも銀の裏地が付いている
　　【類諺】苦は楽の種／禍福（かふく）は糾（あざな）える縄の如し
　　（訳注）p.36参照

34. Feed a cold and starve a fever.
　　【直訳】風邪には大食、熱には絶食

【類諺】風邪の神は膳の下に居る

35. Easy come, easy go.
    【直訳】得やすいものは失いやすい
    【類諺】悪銭身につかず

36. First come, first served.
    【直訳】先に来た人から順に接待を受ける
    【類諺】早い者勝ち／先んずれば人を制す

37. Too many cooks spoil the broth.
    【直訳】料理人が多すぎるとスープはまずくなる
    【類諺】船頭多くして船山へ上る

38. Give credit where credit is due.
    【直訳】誉めるべきは誉めよ
    【類諺】──

39. Curiosity killed the cat.
    【直訳】好奇心は猫を殺す
    【類諺】過ぎたるは猶(なお)及ばざるが如し
    （訳注）好奇心もほどほどにせよ、ということ。

40. The customer is always right.
    【直訳】お客様は常に正しい
    【類諺】地獄の沙汰も金次第／お客様は神様

D

41. Do unto others as you would have them do unto you.
    【直訳】己が欲するところを人に施せ
    【類諺】己の欲せざる所は人に施す勿(なか)れ（論語）／落花流水の情
    （訳注）p.11参照

42. A barking dog never bites.

【直訳】吠える犬は噛まず
【類諺】鳴く猫は鼠(ねずみ)を捕らず／身知らずの口叩き
（訳注）大口を利いたり、空威張りをする人は実行が伴わないことが多い。「弱い犬ほどよく吠える」という意味。

43. Every dog has his day.
【直訳】どの犬にもよい時がある
【類諺】鬼も十八番茶も出花／待てば海路の日和あり
（訳注）p.75参照

44. You cannot teach an old dog new tricks.
【直訳】老犬に新しい芸は仕込めない
【類諺】年寄れば愚に返る／矯めるなら若木のうち
（訳注）p.172参照

45. Let sleeping dogs lie.
【直訳】寝ている犬は起こすな
【類諺】触らぬ神に祟りなし／寝た子を起こすな

46. Constant dropping wears away a stone.
【直訳】絶えず落ちる水滴は石をすり減らす
【類諺】雨垂れ石を穿(うが)つ／斧を研いで針にする

E

47. Don't put all your eggs into one basket.
【直訳】たまごのすべてを一つの籠に入れてはいけない
【類諺】君子危うきに近寄らず／転ばぬ先の杖
（訳注）リスクを分散せよ、ということ。

48. To err is human, to forgive divine.
【直訳】過ちを犯すのは人、許すのは神
【類諺】智者も千慮(せんりょ)に一失あり

49. There is an exception to every rule.
    【直訳】どの規則にも例外はある
    【類諺】──
    （訳注）「例外のない規則はない」は、There is no rule but has some exceptions. の翻訳。

50. Experience is the best teacher.
    【直訳】経験は最良の先生
    【類諺】習うより慣れよ

F

51. Fact is stranger than fiction.
    【直訳】事実は小説よりも奇なり
    【類諺】──
    （訳注）原文はイギリスの詩人バイロンによる、"Tis strang but true; for truth is always strange; Stranger than fiction."「奇なれども真なり。然り、事実は常に奇なり。虚構より奇なり」。tis は it is の古形。

52. Good fences make good neighbors.
    【直訳】よい垣根はよい隣人をつくる
    【類諺】親しき仲にも礼儀あり／思う仲には垣をせよ
    （訳注）隣人と良い関係を築くには、相手のプライバシーを尊重することが大切だ、ということ。

53. Figures will not lie.
    【直訳】数字は嘘をつかない
    【類諺】──
    （訳注）本文に続き、"but liars figure."「しかし嘘つきは数字を使う」という表現もある。

54. If you play with fire, you will get burnt.
   【直訳】火遊びをすれば火傷をする
   【類諺】マッチ一本火事の元／危ないことは怪我のうち
55. Big fish eat little fish.
   【直訳】大きな魚が小さな魚を食う
   【類諺】弱肉強食／自然淘汰／適者生存
56. A fool and his money are soon parted.
   【直訳】馬鹿とお金はすぐに別れる
   【類諺】──
   （訳注）p.32参照
57. Fools rush in where angels fear to tread.
   【直訳】馬鹿は天使も恐れて立ち入らないところに踏み込む
   【類諺】君子危うきに近寄らず／盲蛇に怖じず
   （訳注）盲は不適切な表現であるが、伝承ことわざであることを考慮して記載した。
58. A friend in need is a friend indeed.
   【直訳】まさかの時の友こそ真の友
   【類諺】刎頸の交わり／水魚の交わり

G

59. Garbage in, garbage out.
   【直訳】ゴミを入れれば、ゴミが出てくる
   【類諺】身から出た錆／自業自得
   （訳注）p.143参照
60. Never look a gift horse in the mouth.
   【直訳】貰った馬の口の中を見るな
   【類諺】貰う物は夏でも小袖／貰いものに苦情

（訳注）p.88参照

61. It is better to give than to receive.
    【直訳】貰うより与える方がよい
    【類諺】――

62. What goes up must come down.
    【直訳】上がるものは必ず下がる
    【類諺】満つれば欠く／栄枯盛衰

63. All that glitters is not gold.
    【直訳】光るものすべてが金とは限らず
    【類諺】山高きが故に貴からず／人は見かけによらぬ

64. The grass is always greener on the other side of the fence.
    【直訳】垣根の向こうの芝生はいつも青い
    【類諺】隣の柿は赤い／隣のぬかみそ／隣の飯は旨い
    （訳注）日本で言う「隣の芝生は青い」は翻訳。

H

65. One hand washes the other.
    【直訳】一方の手が他方の手を洗う
    【類諺】武士は相身互い／船は帆でもつ帆は船でもつ
    （訳注）右手は左手がないと洗えない。逆もまた然り。お互い様、ということ。

66. Many hands make light work.
    【直訳】人手が多ければ仕事は楽になる
    【類諺】仕事は多勢／三人寄れば文殊の知恵

67. Handsome is as handsome does.
    【直訳】行いよければ姿またよし
    【類諺】見目より心

68. Haste makes waste.
　　【直訳】急げば無駄がでる
　　【類諺】急いては事をし損じる
69. Make hay while the sun shines.
　　【直訳】日の照るうちに干し草を作れ
　　【類諺】好機逸すべからず／出船に船頭待たず
　　（訳注）p.219 No.81参照
70. Two heads are better than one.
　　【直訳】一つの頭より二つの頭
　　【類諺】三人寄れば文殊の知恵
71. Health is better than wealth.
　　【直訳】健康は富に勝る
　　【類諺】命あっての物種
72. Hear no evil, see no evil, speak no evil.
　　【直訳】悪いことは聞かず、見ず、言わず
　　【類諺】触らぬ神に祟りなし／見ざる、聞かざる、言わざる
73. It is a poor heart that never rejoices.
　　【直訳】楽しまない心は惨めな心
　　【類諺】待てば海路の日和あり
　　（訳注）人生どんなときでも何かしら楽しみや喜びが訪れるものだ、ということ。
74. He who hesitates is lost.
　　【直訳】ためらう者は機会を逃す
　　【類諺】先んずれば人を制す
75. Home is where the heart is.
　　【直訳】家庭は愛情あるところ
　　【類諺】内程よい所はない
　　（訳注）p.73参照

76. Honesty is the best policy.
    【直訳】正直は最善の策
    【類諺】正直の頭に神宿る

77. Honey catches more flies than vinegar.
    【直訳】蝿を取るにはお酢よりも蜂蜜がよい
    【類諺】おだてとモッコには乗りやすい
    （訳注）相手を説得したり自分の考えに乗せるには、おだてたり優しい言葉を使う方がよい、ということ。

78. Hope springs eternal.
    【直訳】希望の泉は永遠に湧き出る
    【類諺】死んで花実が咲くものか
    （訳注）表題は "in the human breast." と続く。全訳すると、希望は人間の胸に永遠に湧き出る、となる。

79. Don't change horses in midstream.
    【直訳】川の真中で馬を乗り換えるな
    【類諺】乗りかかった船／騎虎(きこ)の勢い
    （訳注）危機にあっては手段や方針を換えずに初志を貫徹せよ、ということ。

I

80. First impressions are the most lasting.
    【直訳】第一印象がもっとも長く続く
    【類諺】一目惚れ／先入(せんにゅう)主(ぬし)となる

81. Strike while the iron is hot.
    【直訳】鉄は熱いうちに打て
    【類諺】好機逸すべからず／出船に船頭待たず

（訳注）p.98、p.218 No.69参照

K

82. Know thyself.
   【直訳】己自身を知れ
   【類諺】実るほど頭の下がる稲穂かな
83. Knowledge is power.
   【直訳】知識は力なり
   【類諺】智は万代の宝

L

84. It's never too late to learn.
   【直訳】学ぶのに遅すぎはない
   【類諺】六十の手習い／過ちては改むるに憚（はばか）ること勿（なか）れ
85. While there's life, there's hope.
   【直訳】命ある限り望みあり
   【類諺】命あっての物種／死んで花実が咲くものか
86. Every little bit helps.
   【直訳】少しずつが役に立つ
   【類諺】塵も積もれば山となる／雨垂れ石を穿つ
   （訳注）p.226 No.129参照
87. Live and learn.
   【直訳】長生きして学べ
   【類諺】六十の手習い／老いの学問
   （訳注）長生きはするものだ、すぐに取りかかれ、ということ。
88. Look before you leap.

【直訳】跳ぶ前に見よ
【類諺】転ばぬ先の杖／石橋を叩いて渡る

89. <u>Love</u> is blind.
【直訳】恋は盲目
【類諺】痘痕（あばた）もえくぼ／惚れた病に薬なし

90. There is no such thing as a free <u>lunch</u>.
【直訳】ただのランチなんてない
【類諺】ただほど高いものはない

M

91. <u>Man</u> does not live by bread alone.
【直訳】人はパンのみにて生きるにあらず
【類諺】──
（訳注）生きるためにはお金や最低限の衣食住などだけではなく、他にも愛情や文化など大切なものは色々ある、ということ。

92. One <u>man's</u> <u>meat</u> is another <u>man's</u> poison.
【直訳】甲の食べ物は乙の毒
【類諺】蓼（たで）食う虫も好きずき

93. A sound <u>mind</u> in a sound body.
【直訳】健全な身体に健全なる精神
【類諺】文武両道
（訳注）p.133参照

94. A <u>miss</u> is as good as a mile.
【直訳】少しの間違いも1マイルの間違いも同じ
【類諺】五十歩百歩／大同小異

95. <u>Money</u> isn't everything.
【直訳】お金がすべてではない

【類諺】金が敵／金持ちと灰吹きは溜るほど汚い

N

96. A good <u>name</u> is better than riches.
    【直訳】名声は富に勝る
    【類諺】得失は一朝、栄辱は千歳
97. Love your <u>neighbore</u>, yet pull not down your hedge.
    【直訳】隣人を愛せ、だが垣根は取り払うな
    【類諺】親しき仲にも礼儀あり／親しき仲に垣を結え
98. No <u>news</u> is good news.
    【直訳】便りのないのはよい便り
    【類諺】──

O

99. Great <u>oaks</u> from little acorns grow.
    【直訳】樫の大木も小さなどんぐりから
    【類諺】始めよりの和尚なし／塵も積もれば山となる
100. You cannot make an <u>omelette</u> without breaking eggs.
    【直訳】卵を割らずにオムレツは作れない
    【類諺】蒔かぬ種は生えぬ／打たぬ鐘は鳴らぬ

P

101. No <u>pains</u>, no gains.
    【直訳】苦労なくして得るものなし
    【類諺】苦は楽の種／損して得取れ

102. The pen is mightier than the sword.
    【直訳】ペンは剣よりも強し
    【類諺】文は武に勝る

103. A penny saved is a penny earned.
    【直訳】1ペニーの節約は1ペニーの儲け
    【類諺】塵も積もれば山となる／金は三欠くに溜まる

104. One picture is worth a thousand words.
    【直訳】1枚の絵は千語の値
    【類諺】百聞は一見に如かず／聞いた百より見た一つ

105. A pint is a pound a world around.
    【直訳】1パイントは世界中で1ポンドである
    【類諺】大同小異
    （訳注）多少の差はあっても、同じであると考えてよい、という意味。p.69参照

106. There is no place like home.
    【直訳】わが家に勝るところはない
    【類諺】住めば都／地獄も住処(すみか)

107. A watched pot never boils.
    【直訳】見つめている鍋は煮えない
    【類諺】待つ身は長い

108. Practice makes perfect.
    【直訳】練習が完璧をつくる
    【類諺】習うより慣れろ／亀の甲より年の功

109. An ounce of prevention is worth a pound of cure.
    【直訳】1オンスの予防は1ポンドの治療に値する
    【類諺】良いうちから養生／明日の百より今日の五十
    （訳注）1オンスは1ポンドより軽いことから言い習わされた比喩ことわざ。「予防は治療に勝る」は、"Prevention is better

than cure." の翻訳。

110. Pride goes before a fall.
　【直訳】奢(おご)りは破滅に先立つ
　【類諺】奢る者は久しからず／奢る平家は久しからず

111. The proof of the pudding is in the eating.
　【直訳】プリンの味は食べてみなければ分からない
　【類諺】論より証拠／百聞は一見に如かず

112. Never put off till tomorrow what you can do today.
　【直訳】今日できることは明日に延ばすな
　【類諺】明日ありと思う心の仇桜
　（訳注）類諺は「夜半に嵐の吹かぬものかは」と続く。親鸞上人の言葉。

R

113. All roads lead to Rome.
　【直訳】すべての道はローマに通ず
　【類諺】――
　（訳注）一つの目的を達成するにも、方法や手段はいくらでもある、という意味。

114. When in Rome, do as the Romans do.
　【直訳】ローマではローマ人がするようにせよ
　【類諺】郷に入っては郷に従え／長いものには巻かれろ
　（訳注）「その他にありては彼(か)の如く生きよ」"if you are elsewhere, live as they do there." と続く。

S

115. Better to be safe than sorry.
　　【直訳】後悔するよりも用心した方がよい
　　【類諺】石橋を叩いて渡る／念には念

116. Seeing is believing.
　　【直訳】見ることは信じること
　　【類諺】百聞は一見に如かず／聞いた千遍より見た一遍

117. Seek and you shall find.
　　【直訳】尋ねよ、さらば見出さん
　　【類諺】犬も歩けば棒に当たる

118. If the shoe fits, wear it.
　　【直訳】靴がぴったり合うなら履きなさい
　　【類諺】人の振り見て我が振り直せ
　　（訳注）思いあたる節があるなら自分の事として受け止めなさい、という意味。

119. Out of sight, out of mind.
　　【直訳】見えなくなれば忘れられる
　　【類諺】去る者は日々に疎し

120. Slow and steady wins the race.
　　【直訳】ゆっくり着実に走ればレースに勝つ
　　【類諺】急いてはことを仕損じる／急がば回れ

121. Where there is smoke, there is fire.
　　【直訳】煙のある所には火あり
　　【類諺】ない名は呼ばれず

122. If you are not part of the solution, you are part of the problem.
　　【直訳】もしあなたが問題解決の一翼を担わねば、あなたが問題の

一端なのだ
　【類諺】──
　（訳注）問題のある事態を改善に向けて行動しない人は、その問題そのものの一部となっている、という意味。

123. As you sow, so you reap.
　【直訳】蒔いたとおりに刈り取れ
　【類諺】因果応報／自業自得／身から出た錆

124. Speech is silver, silence is golden.
　【直訳】雄弁は銀、沈黙は金
　【類諺】言わぬが花
　（訳注）銀本位制時代にドイツで生まれたとされることわざ。雄弁を重んじる西洋の思想とは矛盾しない。金本位制になった今も、このことわざはそのまま伝承されている。

125. A stitch in time saves nine.
　【直訳】時を得た一針は九針の労を省く
　【類諺】──
　（訳注）p.150参照

126. A rolling stone gathers no moss.
　【直訳】転がる石に苔むさず
　【類諺】──
　（訳注）p.21、p.37参照

127. It is the last straw that breaks the camel's back.
　【直訳】最後の藁1本がラクダの背骨を折る
　【類諺】重荷に小付け／過ぎたるは猶及ばざるが如し
　（訳注）たとえわずかでも限度を超せば元も子もなくなる、ということ。

128. Different strokes for different folks.
　【直訳】人にはそれぞれのやり方がある

【類諺】十人十色／蓼食う虫も好きずき

129. Little strokes fell great oaks.
　　【直訳】小さな打撃も度重なれば大きな樫の木を倒す
　　【類諺】雨垂れ石を穿つ／千里の道も一歩から
　　（訳注）p.220 No.86参照

130. If at first you don't succeed, try, try again.
　　【直訳】一度でうまくいかなければ何度でもやれ
　　【類諺】失敗は成功の基／七転び八起き

131. There is nothing new under the sun.
　　【直訳】太陽の下に新しきものなし
　　【類諺】二度あることは三度ある／歴史は繰り返す
　　（訳注）すべてのものには先例がある、ということ。

T

132. It takes two to tango.
　　【直訳】タンゴを踊るには二人要る
　　【類諺】片手で錐はもまれぬ
　　（訳注）「相手のいない喧嘩はできぬ」という類諺もあるように、一人ではできないことがある、という意味。

133. If a thing's worth doing, it's worth doing well.
　　【直訳】やる価値のあることは、立派にやる価値がある
　　【類諺】乗りかかった船／初志貫徹
　　（訳注）やる価値があると思って始めたことは、最後まできちんと力を尽くしてやりとげよ、ということ。

134. There is a time and place for everything.
　　【直訳】何事にもふさわしい時と場所がある
　　【類諺】物には時節／鬼も十八番茶も出花

135. <u>Time</u> flies.
　　【直訳】時は飛び去る
　　【類諺】光陰矢の如し／光陰夢の如し
136. One good <u>turn</u> deserves another.
　　【直訳】善行には善行が返る
　　【類諺】陰徳あれば陽報あり／情けは人の為ならず

U

137. <u>Union</u> is strength.
　　【直訳】団結は力なり
　　【類諺】和を以て貴しとす
138. <u>United</u> we stand, divided we fall.
　　【直訳】団結すれば立ち、分裂すれば倒れる
　　【類諺】一筋の矢は折るべし、十筋の矢は折り難し

V

139. <u>Variety</u> is the spice of life.
　　【直訳】変化は人生のスパイスである
　　【類諺】十人十色／所変われば品変わる
140. Nothing <u>ventured</u>, nothing gained.
　　【直訳】危険を冒さなければ何も得られない
　　【類諺】虎穴に入らずんば虎子を得ず
141. <u>Virtue</u> is its own reward.
　　【直訳】徳行の報酬はそれ自体である
　　【類諺】情けは人の為ならず／徳は賞を求めず
　　（訳注）p.64参照

W

142. Hitch your wagon to a star.
    【直訳】馬車を星につなげ
    【類諺】少年よ大志を抱け
    （訳注）p.73参照

143. Waste not, want not.
    【直訳】無駄なければ不足なし
    【類諺】足るを知る／紺屋の白袴

144. You never miss the water till the well runs dry.
    【直訳】井戸が涸(か)れ始めて水のありがたさに気付く
    【類諺】灯台下暗し／岡目八目
    （訳注）あるのが当たり前のことは、なくなるまでそのありがたさが分からない、という意味。

145. Still waters run deep.
    【直訳】静かな川の流れは深い
    【類諺】浅瀬に仇波(あだなみ)／能ある鷹は爪を隠す
    （訳注）①思慮深く学識がある人は口数が少ない、②静かな言動の陰に悪賢さがある、という両義性が見られる。

146. All's well that ends well.
    【直訳】終わりよければすべてよし
    【類諺】細工は流々仕上げを御覧(ごろう)じろ／終わりが大事
    （訳注）p.107参照

147. The squeaking wheel gets the grease.
    【直訳】きしむ車輪には油が差される
    【類諺】ごて得
    （訳注）p.26参照

148. Where there's a will, there's a way.

【直訳】志あるところに道あり
【類諺】念力岩をも通す／為(な)せば成る

149. The hardest <u>work</u> is to do nothing.
　【直訳】もっともたいへんな仕事はなにもしないことだ
　【類諺】楽は苦の種／楽あれば苦あり
　（訳注）何もすることがないのはしんどいことである、という逆説。

150. Two <u>wrongs</u> don't make a right.
　【直訳】誤りを二つ重ねても正しくはならぬ
　【類諺】恥の上塗り
　（訳注）悪に対して悪をもって報いるのはよくないということから、他者が悪い事をしているからといって、自分も同じようにしてよいということにはならない、という意味。

あとがき

　〈読んでみたい〉という衝動に駆られたのは、『子どもとことわざは真実を語る』というタイトルに魅せられたからです。また、〈訳してみたい〉という欲求が湧いてきたのは、その教授法を学んで日本の先生や父母にもことわざのおもしろさを知ってほしい、という願望からでした。

　本書に見るように、外部の者がことわざを教える試みは、日本においても時々見られます。筆者にもことわざに関する出前授業の経験はありますが、1年間にわたる出前授業は前代未聞です。

　さて、翻訳に際しては、ミーダー教授が「日本ことわざ文化学会」の名誉会員であるという親しみもあって、日本の読者向けに原著を再構成させてほしい旨を申し出たところ、幸いにして二つ返事の快諾をいただき、背中を押される思いで作業を続けることができました。

　本書を貫くポリシーは、ことわざを学ぶことによって人としての内面を問い、気づきの結果として形作られる道徳観や倫理観にあります。それは〈生きるための知恵〉という表現が度々出てくることからも、お分かりいただけるものと思います。

　縁遠いと思われる理科や芸術科目においてもことわざが活用されたことは、ことわざのもつ総合力を見せつけられた思いでした。また、社会科においてはグローバルに国連との関連を問う一方で、マスメディアに登場することわざパロディー（創作ことわざ）が採用されていることは、伝統と革新を融合し文科と理科を合体したミーダー教授とホルムズ先生の斬新な志向性の表れだと思います。

　このような教授法を日本の教育に援用することは、十分に可能です。いま時を得て、伝統的な言語文化として単元化されたことわざが、小学校3・4年生に配当され、道徳科も特別の教科に格上げされました。このような見地からも、1年間の教育実績を踏まえた本書は、これら

の教科の指南役になることは間違いありません。

　もちろん、これらの教科以外にも、国際化時代に対応するための英語教育や異文化理解、豊かな人間関係を育むコミュニケーション論やユーモア教育、さらにはスポーツ教育など、多種多様な分野における教材もしくは教材研究の資料として、自在な応用が期待できます。

　あらゆる教科への可能性を宿す本書が、未来を担う児童や青少年に向けた実りのある教育に活用されるとともに、家庭や職場さらにはコミュニティーにおける教養書として、多くの方々に親しまれることを願っています。

　末筆となりますが、ミーダー教授と私たちに橋渡しをして下さった森洋子明治大学名誉教授（日本ことわざ文化学会初代会長）、英語ことわざに対応する日本語ことわざの妥当性について助言をいただいた時田昌瑞氏（日本ことわざ文化学会会長）には、この場を借りて厚く御礼申し上げます。また、本書の刊行に向けて多角的なご支援を賜った、創英社／三省堂書店の水野浩志氏、森雅夫氏、高橋淳氏に対しましても、深く感謝申し上げる次第です。

　　2017年1月吉日

　　　　　　　　　　　　　　　　　　　　　　　　山口　政信

ヴォルフガング・ミーダー（Wolfgang Mieder）教授略歴

　1944年生まれ。バーモント大学教授。ミシガン州立大学にて博士号を取得（1970年）後、バーモント大学に着任。同大学ドイツ語・ロシア語学部長、カリフォルニア大学バークレー校、ドイツのフライブルク大学の客員教授を歴任。

　著作は神話、おとぎ話、民謡、わらべ歌から哲学・文学的研究などの多岐にわたる。特筆すべきは国際ことわざ学の業績である。なかでも文学、マスメディア、政治、広告などに見られる〈ことわざとそのはたらき〉に関する論文は、現代ことわざ学を象徴する労作である。

　著書も多数に及ぶ。最新刊（原書の刊行年におけるもの）としては、"The Proverbial Abraham Lincoln: An Index to Proverbs in the Works of Abraham Lincoln"（『ことわざで知るアブラハム・リンカーン：アブラハム・リンカーンことわざ集』）、"Strategies of Wisdom: Anglo-American and German Proverb Studies"（『叡智の戦略：英米語およびドイツ語のことわざ研究』）を挙げることができる。また、創刊時から編集を続けている雑誌、『プロバビウム：国際ことわざ研究年鑑』をバーモント大学から刊行中である。

　これらの業績により、1987年にはジョージ・キドラー優秀教員賞を受賞したのをはじめ、ジュゼッペ・ピトレ国際民俗学賞（1997年）を受賞する間にも、多数の受賞歴がある。

デボラ・ホルムズ（Deborah Holmes）先生略歴

　1985年よりバーモント州バーリントン市のミルトン小学校で4年生を教えている。教鞭をとってきた23年の間に、1997-1998年ミルトン教育協会最優秀教師賞、1993年には米国在郷軍人会および高校奨学金委員会より最優秀教師賞を受賞。さらには、大統領優秀賞（理科・算数教育）の候補の一人にも推挙され、ミルトンのPTAを初めとする数々の教育関連協会のメンバーとしても活動。最近では全米有力教師リストにその名を連ねている。

　子どもたちが理科に親しみがもてるようにと、同僚2名とともに企画したミルトン・サマー・サイエンスキャンプは、バーモント州の数学・理科・技術研究所により、その卓越性が評価された。過去7年間にわたり数百名の教師とミルトンの生徒が参加してきたこの企画は、参加者の能力を最大限に引き出す学習環境をつくり出すことを重点的に取り組み、子どもたちの育成と教育の革新に貢献してきた。

　彼女がこれまでに行なったカリキュラム開発には、バーモント大学とのパートナーシップによるプロジェクトも含まれるなど、積極的な姿勢が高い評価を得ている。

訳者略歴

山口　政信（やまぐち　まさのぶ）

　1946年生まれ。明治大学法学部教授。東京教育大学体育学部卒業、東京学芸大学大学院教育学研究科修了。専門はスポーツ教育学。スポーツ言語学会会長、日本ことわざ文化学会副会長、日本笑い学会理事。
　著書に『スポーツに言葉を』遊戯社（単著）、『ことわざに聞く』『家族とことわざ』『教育とことわざ』『笑いとことわざ』人間の科学新社（以上、共編著）、『ことわざ検定公式ガイドブック下巻（1～3級）』シンコーミュージック・エンタテイメント（共監修）、『笑い笑われまた笑う』明治大学リバティアカデミーなど多数。

湯浅有紀子（ゆあさ　ゆきこ）

　フリーランス翻訳者。
　青山学院大学国際政治経済学部卒業。
　高校時代はドイツに留学、大学時代は米国サンディエゴ州立大学に留学。
　日本ことわざ文化学会会員。一児の母。
　現在はインドにてバイリンガル教育に邁進中。

子どもとことわざは真実を語る
ことわざの叡智を小学4年生に教える

2017年2月25日　　　　初版第1刷発行

著者
ヴォルフガング・ミーダー
デボラ・ホルムズ

訳者
山口　政信
湯浅有紀子

発行・発売
創英社／三省堂書店

〒101-0051　東京都千代田区神田神保町1-1
Tel：03-3291-2295　　Fax：03-3292-7687

印刷／製本　　（株）新後閑

©Masanobu Yamaguchi, Yukiko Yuasa, 2017　Printed in Japan
ISBN978-4-88142-973-0　C0037
落丁，乱丁本はお取替えいたします。

Copyright©2000 by Wolfgang Mieder and Deborah Holmes
Japanese translation right licensed by Wolfgang Mieder and
Deborah Holmes